QUE SAIS-JE ?

Les 100 mots de la maternité

sous la direction de

MURIEL FLIS-TRÈVES

REMERCIEMENTS

À Sonia Rykiel pour tous les dessins.
À Danièle Flis.

À lire également
en « Que sais-je ? »

Jacques André (dir.), *Les 100 mots de l'enfant*, nº 3938
Jacques André (dir.), *Les 100 mots de la sexualité*, nº 3909
Yvonne Knibiehler, *Histoire des mères et de la maternité en Occident*, nº 3539
Olivier Houdé, *La psychologie de l'enfant*, nº 369
Luis Alvarez, Bernard Golse, *La psychiatrie du bébé*, nº 3810

ISBN 978-2-13-062571-1
ISSN 0768-0066

Dépôt légal – 1re édition : 2014, mars

AVANT-PROPOS

Le mot « maternité » désigne tout à la fois l'état dans lequel se trouvent les femmes lorsqu'elles attendent un enfant, le lieu dédié aux accouchements et le fait d'être mère. C'est également de cette manière que l'on nomme la représentation artistique de la mère et l'enfant dans la peinture.

La maternité, on le voit, ne se laisse pas facilement enfermer dans un lexique. Elle couvre tant de domaines et d'expressions, génère tant de croyances, de gestes, de traditions, de fantaisies aussi, qu'il serait vain de tenter d'en faire le tour exhaustif. D'autant que les mots pour dire la maternité se donnent à lire différemment selon que l'on est psychanalyste, gynécologue, anthropologue, styliste ou romancier et aussi femme ou homme sans doute…

Les textes de cet ouvrage font volontairement appel à des regards multiples. La diversité de l'origine des savoirs des auteurs, la singularité et le talent de chacun d'entre eux sont une invitation à nous aventurer pour le plaisir et librement parmi ces 100 manières d'approcher la maternité et à composer par la suite, si on le souhaite, les définitions qui nous sont propres.

Des effets de la grossesse aux contrecoups de la maternité en passant par les technologies de pointe et le vécu intime de la gestation, de l'histoire des mères et donc des femmes à celle de la famille ou encore de la vision masculine de la maternité, ces 100 mots passent en revue tout ce qui entoure et découle de ce qui « vient de la mère ».

Mère et maternité sont-ils synonymes ? Que recouvrent ces mots dans les imaginaires de chacun ? De la *matrem nudam* de Freud à la *mère de lait*, de l'*ogresse* à la *marâtre*, le maternel habite tous les esprits !

Car, dans sa générosité, le maternel a donné naissance à nombre d'expressions *(mère de tous nos maux, telle mère, telle fille)* ou de lieux communs *(la maman et la putain)*. Il a également conditionné la construction de la famille en

Occident *(filiation, transmission)*. Le maternel dévoile sa chair dans les mots de la grossesse *(échographie*, *cordon*, *placenta)*, de l'accouchement *(retour de couches*, *césarienne*, *ma valise est prête)*, et ceux très actuels de l'assistance médicale à la procréation *(donneuse*, *maternité reportée*, *GPA)* ou des différentes façons de faire famille.

Ce court abécédaire n'a pas pour projet d'être exhaustif mais il a pour intention de mettre au jour des points de vue originaux, d'établir des rapprochements insolites et inhabituels.

L'abondance du lexique est jubilatoire.

Muriel Flis-Trèves

LISTE DES AUTEURS ET DE LEURS MOTS

Jacques André, *psychanalyste*, Langue maternelle, Mammifère, Mère de substitution, Post-partum et dépression, (Re)naissance.

Geneviève Brisac, *écrivain*, Accouchement, Allaitement, Belle-mère, Berceuse, De la miss à la *Mrs*, Enceinte, Infanticide, Les mamans disent (proverbes et autres formules toutes faites pour leurs enfants), Marâtre, Mets ta cagoule, j'ai froid, Nid vide, Prématuré, Retour à la maison.

Sylvie Faure-Pragier, *psychanalyste*, Choix du prénom, Désir d'enfant, Devenir mère, Infertiles (Les), Mères lesbiennes, Préoccupation maternelle primaire, Scène primitive médicalement assistée, Ventre.

Muriel Flis-Trèves, *psychanalyste*, Baby blues, Deuil de maternité, Don d'ovocytes, Doudou, Fête des Mères, IVG, Kidnapping, Maternité, Maternité reportée/fertilité préservée, Mère de tous nos maux (La), Secret des origines.

Michaël Grynberg, *gynécologue-obstétricien*, Couvade, Échographie, Haptonomie, Nativité, Placenta, Retour de couches, Tétine.

Serge Hefez, *psychanalyste*, *Baby-clash*, Déni de grossesse, Faire famille, Gestation pour autrui, Homoparentalité, Sarah ou la grossesse tardive.

Françoise Héritier, *anthropologue*, Césarienne, Congé de maternité, de paternité et parental d'éducation, Filiation, Interdits et prescriptions, Limbes, Rituels.

Nathalie Kuperman, *écrivain*, Bain, Heureux événement, Telle mère, telle fille.

François Olivennes, *gynécologue-obstétricien*, Accouchement sans douleur, Cordon (Couper le), Déesse mère, Grossesse sans surveillance, grossesse médicalisée, Mère génétique, Mère juive, Origine du monde, Ovocytes, spermatozoïdes, fécondation.

Sonia Rykiel, *créatrice*, Anniversaire, Robe de grossesse, ainsi que tous les dessins.

Jacqueline Schaeffer, *psychanalyste*, Ambivalence, Instinct maternel, Marie, *Matrem nudam*, Mère morte, Mère supérieure, Ogresse, Père, Règles, Sein maternel/sein érotique, Transmission, « Tu enfanteras dans la douleur ».

Caroline Thompson, *psychanalyste*, *Good enough mother*, Maman et la putain (La), Nounou, Superwoman.

Rachel Trèves, *psychologue clinicienne*, Acte de naissance, Baby Shower, Comme il te ressemble, Gynécologue-obstétricien, Ma valise est prête !, Nom de famille.

Françoise Zonabend, *anthropologue*, Accouchement sous X, Adoption, Baptême, Fille mère, Grand-mère, Materner, Mère de lait, Mort-né, Relevailles.

LISTE DES 100 MOTS

L'astérisque * placé à la droite d'un mot dans le texte signifie que ce terme fait l'objet d'une entrée propre.

ACCOUCHEMENT

Nous sommes assises en rond autour du Maître, les mains posées sur nos ventres et les jambes écartées. C'est pour bientôt.

L'accouchement, je l'associe dans ma tête au saut en parachute de Lino Ventura dans *L'Armée des ombres* de Melville. Sauter en parachute et donner la vie ont ceci de commun que c'est aussi insensé qu'inévitable.

Le Maître a demandé à sa disciple préférée – qui attend son cinquième enfant – de transmettre son expérience.

Elle respire profondément. Elle aimerait décrire l'indescriptible : une jouissance unique. La jouissance de l'orgasme, mais plus profonde encore, absolue. Accoucher, c'est atteindre la plénitude de la fusion avec le Tout. Grâce au Maître, et sans autre effort que celui de respirer comme on vous l'a appris – vous vous ouvrirez comme autant de rideaux de théâtre sur cette nouvelle vie qui appelle.

Je devine une arnaque.

Toute la mauvaise volonté d'une jeune bique furieuse m'envahit.

Moi je suis sûre que je mourrai, dis-je, consciente que j'ai tort de livrer cette conviction. Mais le Maître a bien spécifié que chacune devait laisser parler son cœur, et mon cœur de couarde piaille de peur.

La disciple préférée me fusille de son beau regard tendre.

Les autres me regardent avec un infime frémissement : elles ressentent la même chose, mais n'osaient pas le formuler.

Se lève une brise d'indiscipline. La disciple préférée couvre le tumulte psychique de sa douce voix d'élue. Je distingue les mots : don de soi, corps qui s'ouvre, violon, musique, tempo de l'univers.

Le Maître marche vers moi.

Des milliards de femmes ont accouché sans faire toutes ces salades, dit-il, des milliards de femmes ont fait leur devoir en serrant les dents et en ont été récompensées. Ce n'était pas des intellectuelles, comme madame. Les femmes du peuple sont liées à la terre. La naissance est leur joie.

Sortez, madame, je ne peux rien pour vous. Il fallait y penser avant. La méthode ne peut rien pour les fortes têtes et les libres-penseuses.

Vous accoucherez dans la douleur.

Accouchement sans douleur

Les générations actuelles ont oublié, grâce à la péridurale, ce qu'était l'accouchement sans douleur. Elles ne connaissent que la « préparation à l'accouchement sans douleur » qui constitue une préparation à la naissance mise en place en général par des sages-femmes.

C'est en URSS que l'accoucheur Nikolaiev et le neuropsychiatre Velvoski, s'inspirant des travaux de Pavlov, ont mis au point, dans les années 1930, une méthode d'accouchement sans douleur, fondée sur le conditionnement mental. En France, Fernand Lamaze et son équipe développent la technique soviétique à partir de 1951, en ajoutant la respiration dite « du petit chien ». Cet ensemble de techniques est appelé « accouchement sans douleur » en France, et « technique Lamaze » dans le reste du monde.

De nombreuses méthodes ont été élaborées en vue de maîtriser les douleurs de l'accouchement. Elles ont tenté de s'adresser à chacune des composantes de la douleur : émotionnelle, cognitive, culturelle, comportementale et physiologique. C'est en s'attaquant efficacement à cette dernière composante grâce à une analgésie localisée que la péridurale a révolutionné l'accouchement. L'utilisation massive à partir des années 1970 de cette technique anesthésique (« le répit durable » !) s'inscrit dans un mouvement général de refus de la douleur qui ne doit plus être une fatalité. Ce refus de souffrir est particulièrement vrai pour l'accouchement, et le recours à la péridurale est maintenant dominant. Près de 90 % des accouchements se déroulent sous péridurale en France.

Accouchement et douleur restent néanmoins liés dans notre inconscient collectif. Dans notre culture judéo-chrétienne, Ève, symbole même du péché puisque tentatrice d'Adam, est aussitôt condamnée : « Tu enfanteras dans la douleur. »* (Genèse) L'accouchement est socialement construit comme douloureux. Pour certains, l'expérience de la douleur vaudrait la peine d'être subie. La douleur aurait un rôle dans la construction psychologique de la future mère. On a parlé du « mal joli ». L'accouchement est l'acte qui permet d'atteindre le statut de mère et représente une séparation entre la mère et l'enfant, la fusion mère-enfant va prendre fin. Le caractère exceptionnel des douleurs ressenties permettrait à la femme de connaître ses limites, des émotions nouvelles et de découvrir ainsi une partie de sa personnalité. Certains s'opposent donc à la péridurale qui servirait essentiellement à confiner les femmes dans une société « algophobe » et à rendre les futures mères souriantes, obéissantes, calmes et silencieuses.

Nombreux sont ceux qui s'opposent à cette théorie de l'intérêt de cette expérience douloureuse et dénoncent l'idéologisation de la douleur qui la sous-tend. On peut en effet demander aux tenants de l'accouchement sans péridurale en quoi ces douleurs-là devraient être plus supportables que celles d'une rage de dents ou d'une appendicite qui sont désormais soulagées par une anesthésie dont personne ne se passerait aujourd'hui.

Il y a aussi le grand oublié des douleurs de l'accouchement : l'homme. Alors rappelons le commentaire de Pierre Desproges : « L'accouchement est douloureux. Heureusement, la femme tient la main de l'homme. Ainsi, il souffre moins. »

ACCOUCHEMENT SOUS X

Nos sociétés industrielles sont entrées dans l'ère de la contraception ou de l'avortement, pour autant toutes les femmes enceintes ne veulent ou ne peuvent y avoir recours et certaines choisissent, pour des raisons psychologiques, sociales ou économiques, de rester dans l'ombre, d'accoucher anonymement et de se séparer de leur enfant qui ne saura rien de sa mère ni elle de lui, de son devenir, de son destin.

De tout temps et en tous lieux, de telles pratiques de dissimulation ont existé obligeant les États à les réguler, à les encadrer ne serait-ce que pour protéger ces bébés abandonnés souvent par la faute des pères qui refusent de les reconnaître. Aux enfants « exposés » dans la Rome antique et laissés *Au bon cœur des inconnus*[1] succèdent, au Moyen Âge, les enfants « déposés » dans les « tours » (abolis en 1904 en France) disposés aux portes des hôpitaux où les mères, en toute discrétion, laissent leur bébé ; puis vinrent les « maisons maternelles » créées au début du XXe siècle qui accueillaient les femmes pauvres et celles qui voulaient accoucher anonymement. Considérées comme « mal fréquentées », ces maisons étaient isolées du reste de la vie locale, et les femmes qui y avaient recours étaient reléguées aux marges de la société. Ces « mères abandonnantes », qui avaient décidé de ne rien savoir de leur bébé – donc forcément coupables –, étaient stigmatisées jusqu'au travers de leurs enfants. Ces derniers, hâtivement baptisés, étaient affublés de noms dérisoires ou péjoratifs entachant leur devenir. Les maisons maternelles ne furent fermées qu'après la Seconde Guerre mondiale.

De tels procédés ont certes disparu de nos maternités actuelles où des femmes viennent *accoucher sous X*, mais là encore d'autres femmes ont du mal à comprendre et à admettre qu'une mère puisse prendre une telle décision. Pourtant, depuis un décret-loi pris par la Convention dès le 28 juin 1793 (article 326 du Code civil modifié en 2005), toute mère est en droit de demander le secret* de son admission et la non-inscription de son identité. L'accouchement est réputé n'avoir jamais eu lieu, et l'enfant est déclaré *né sous X*. La France, l'Italie et le Luxembourg sont les seuls pays européens à reconnaître cette pratique.

Acte de naissance

Il ne suffit pas de naître pour exister, il faut encore être engendré par la « parole ». Paroles accompagnées du geste de « soulever » l'enfant en signe de reconnaissance par les pères dans les sociétés antiques ; paroles consignées sur déclaration du père – ou de toute autre personne autorisée – dans un *acte de naissance* répertorié dans l'état civil de nos sociétés contemporaines. L'importance de ces pratiques et de ces formulations sacrées ou profanes apparaît clairement

1. J. Boswell, Gallimard, 1993.

pour autant que de celles-ci découle l'identité de l'enfant et qu'elles révèlent son statut social.

Dans cet acte, en effet, sont inscrits tous les constituants de sa personne. Sa « date » et son « lieu » de naissance, lesquels marquent sa génération d'appartenance et l'inscription géographique dont il peut se prévaloir. Puis viennent ses « noms » qui lui sont « propres » bien que délivrés par d'autres, qui le distinguent et l'identifient. Le ou les « patronyme(s) » dont il peut se prévaloir l'enracine(nt) soit dans une double filiation* paternelle et maternelle ou dans une seule lignée si le père reste inconnu, soit dans aucune ancestralité si ses géniteurs l'ont abandonné. Puis viennent les « prénoms », uniques ou multiples. Choisis selon le goût des géniteurs, ils deviennent indices de leurs vœux profonds ou de leurs fantasmes inaccomplis ; pris dans le corpus des prénoms de famille, ils placent l'enfant sous la protection des aïeuls. Dans cet acte, fort de tous ces indices, chargé de tant de traces, s'inscrit notre présence au monde. On peut comprendre que l'État, soucieux de « connaître » et « d'identifier » sans peine ses citoyens, ait décrété par la loi du 11 germinal an XI – il est vrai quelque peu assouplie depuis : « Aucun citoyen ne pourra porter de nom ni de prénom autres que ceux exprimés dans son acte de naissance. »

Adoption

> Je répète que je suis votre mère, et que je vous mets au nombre de ceux que mes entrailles ont faits miens. Cela se voit souvent, l'adoption rivalise avec la nature : le choix produit pour nous d'une semence étrangère comme un rejeton naturel. Vous ne m'avez jamais coûté de maternelles douleurs, et pourtant je vous témoigne une maternelle tendresse.
>
> W. Shakespeare, *Tout est bien qui finit bien* (acte I, scène 3).

Quelles conduites altruistes, quels gestes d'amour, de dévouement, quels termes affectueux, quels dons de menus biens allant de soi à l'autre, de ces mères et pères qui ne sont pas les vrais, mais sont nommés comme tels, permettent-ils que ces enfants venus d'« ailleurs », socialement ou spatialement, soient incorporés au groupe familial en qualité de fils ou de fille ? Comment se fabrique une parenté filiale, comment accueillir comme « sien » l'enfant né d'autrui si différent de « soi », puis le faire admettre comme tel dans nos sociétés en proie à un racisme latent où il faut au moins trois générations pour rendre l'étranger acceptable ! Mais toute mère ou père adoptant(e) entretient avec l'enfant né d'une autre une sorte d'osmose faite de tendresse intense et de vigilance inépuisable au point de pouvoir proclamer : « Si nous l'avions fait nous-mêmes, nous n'aurions pas fait mieux ! » Ainsi, le don de l'une s'enchâsse dans l'amour des autres.

Au demeurant, l'*adoption* constitue une pratique universellement usitée et recherchée. Celle-ci recouvre, selon les cultures et les époques, un foisonnement de modalités qui vont du prêt à l'échange, au don ou à la captation d'enfants dans le cercle de la parenté plus ou moins proche, à l'abandon ou au (dé)placement de bébés vers des familles étrangères et lointaines. Les sociétés dites exotiques, où les enfants constituent des biens précieux et enviés qui doivent « circuler » entre familles échangeuses en vue d'y tisser des liens de sociabilité ou d'alliance, usent essentiellement des premières pratiques. En Occident, la démarche adoptive relève plutôt des secondes manières : l'enfant, abandonné par ses parents biologiques, perd, parfois même ignore, sa filiation* d'origine et est remis à des parents sociaux qui l'insèrent en tant que consanguin dans leur propre lignée généalogique. La législation française formalisée par le Code civil de 1803 trouve son origine dans le droit romain et répondait alors à la préoccupation de donner une descendance à un couple qui n'en avait pas. Aujourd'hui, notre juridiction concernant l'adoption reconnaît avant tout l'irrésistible droit à l'enfant des hommes et des femmes.

Allaitement

La sage-femme n'était pas d'humeur.

Ce n'est pas sorcier, a-t-elle dit.

Vous vous y mettez quand, a-t-elle dit.

Ma sage-femme est une sorcière, ai-je pensé. (Un mot d'esprit bien inutile.)

On y va ! a-t-elle dit de cette voix trop forte et impersonnelle qui s'enfile avec la blouse.

On va où, me suis-je dit, désespérée.

Dans le parallélépipède en plastique transparent, à quelques centimètres de ma tête, de mon oreiller trempé, le bébé minuscule et sans nom hurlait comme un chaton nouveau-né.

Un bébé grand comme une bouche.

Allongez-vous sur le côté gauche, a dit la sage-femme. Les bras le long du corps.

Cela m'a tétanisée.

J'étais une bûche, une bûche avec des seins gonflés et durs comme de la pierre.

La femme a posé le bébé sans nom contre le sein de pierre.

Elle va trouver le sein, a-t-elle affirmé.

Les bras le long du corps.

Le bébé cherchait, je pleurais. Comme un mur invisible d'impuissance entre nous.

Cela a duré.

Je n'ai pas que cela à faire, a dit la sage-femme.

Vous y mettez de la mauvaise volonté.

Jamais vu ça. Toutes les femmes ont cet instinct, tous les bébés cherchent le sein.

Les bras le long du corps. Laissez-la venir.

On va mourir, ai-je pensé. Le bébé va mourir de faim et moi j'en mourrai de honte.

Et puis ce fut comme une apparition.

La Vierge à l'Enfant de Véronèse devant mes yeux.

Elle est assise, elle tient le nouveau-né dans son bras arrondi.

L'enfant lève sa tête et pose sa bouche sur le téton.

Accrochée à ma vision, je me redresse, je me hisse sur les coudes, je prends l'enfant, je la pose dans le creux de mon bras gauche, je baisse les yeux vers elle, elle me fixe de ses pupilles troubles, et elle attrape le bout de sein marron.

Nous naviguons.

Ainsi la transmission* d'un geste ancestral, cette transmission, quand elle a échoué, quand elle n'a pas eu lieu, peut passer par un autre chemin, le chemin des souvenirs et des émotions esthétiques. Grâce à la force d'un tableau de la Renaissance italienne.

La puissance d'une *Vierge à l'Enfant*.

La puissance de la métaphore.

Ambivalence

> Ma chair mère, chair des entrailles qui m'ont couvée, mijotée et portée, chair du sexe qui m'a donné le jour, chair du sein qui m'a nourri, chair que j'ai dévorée. Chair dont ma chair de fille peinera à se dégager, à la différence de ton fils qui possède un morceau de chair en plus, comme papa, et tellement valorisé ! Maman je t'aime, maman je te hais. Je brûle d'un feu éternel, celui de l'amour, celui de l'enfer. Papa me disait toujours sa princesse, et je pensais qu'il me donnerait un bébé, comme à toi. Mais un jour il m'a dit : « Attends, tu verras, un jour ton prince viendra ! »
>
> Comme ce sera dur de renoncer à lui, si grand, si beau, si aimant !

Ce pourrait être la complainte de la fille, selon Freud.

Depuis des millénaires, religion, littérature et poésie chantent la maternité comme le mythe du paradis perdu. L'image pieuse si souvent reproduite de l'extase et de la complétude entre mère et enfant. C'est ce que tout amoureux ou amoureuse va tenter de retrouver dans les yeux et le corps à corps avec l'être bien-aimé : l'idéalisation, l'adoration.

Mais c'est aussi le lieu de toutes les angoisses de disparition par le réengloutissement dans le corps maternel, angoisses d'étouffement, d'enfermement, de claustrophobie.

L'amour-passion porte en soi une promesse de meurtre. Trop fusionnel, il est plus proche de la mort que de la vie. Il est possession ravageante.

Du sourire de Mona Lisa, Freud dit qu'il exprime toute l'ambivalence de la mère : « Le double sens qu'avait ce sourire, la promesse d'une tendresse sans bornes, ainsi que la menace annonciatrice du malheur… Car la tendresse de sa mère lui fut fatale, détermina son destin et les privations qui l'attendaient.[1] »

1. S. Freud, *Un souvenir d'enfance de Léonard de Vinci*, Gallimard, 1927.

Comment, pour la fille, oser affronter le corps à corps avec la mère, ce que Lacan nommait le « ravage », pour s'en libérer, quand le risque est de perdre une partie de soi avec elle ? Un corps maternel peut être séquestré avec violence, on le sait, dans le corps d'une fille anorexique, et réciproquement.

Le paradoxe du destin féminin tient à cette difficulté de se dégager d'un objet primaire maternel, du fait d'une identification souhaitable et d'une nécessité, tout aussi souhaitable, de s'en désidentifier.

Anniversaire

Cet enfant qu'on a tant voulu, il faut célébrer son arrivée au monde, sa venue au sein de la famille, le distinguer des autres nés dans la même génération en lui souhaitant un *joyeux anniversaire !* le jour de sa naissance.

L'enfant attend ce jour, il veut « sa » fête. On se doit alors de réunir autour de lui ses amis dont il est, ce jour-là, le « roi ou la reine » ; entonner en chœur la chanson que tous connaissent parce que universellement fredonnée « Happy birthday… » lui laisser souffler « seul » les bougies qui scintillent sur le gros gâteau et scandent son âge ; au fil des ans, s'époumonant de plus en plus, il prend conscience du temps qui passe. Puis succède le rituel des cadeaux.

Depuis longtemps, la mère cherche le présent idéal pour son enfant.

Le jouet inattendu, le bijou gravé à son nom, l'album introuvable… Ce cadeau, elle le cache et le donnera après tout le monde, pour faire une surprise à cet enfant désiré plus que tout, qu'elle veut entourer de tout.

La fête *anniversaire*, aujourd'hui, est réalisée pour honorer l'enfant, le mettre au centre de la famille, au plus près de sa mère.

Anciennement, une telle consécration du jour de la naissance n'avait lieu que pour les dieux, les rois ou les nobles personnages. Dans les sociétés chrétiennes, on commémorait la venue au monde de l'enfant le jour de la fête de son saint patron dont il portait le prénom et sous l'égide duquel il était placé. Ce jour-là, les porteurs d'un même prénom au sein d'un même village s'assemblaient pour faire connaissance, pour festoyer, se soutenir mutuellement.

Autrefois, la vie était précaire, et l'on cherchait d'abord à s'assurer la protection des saints pour la bonne survie de l'enfant, celui-ci faisait avant tout, partie d'une collectivité qui pouvait l'assister : il était membre d'une communauté de pairs qui agissaient ensemble et étaient censés se protéger les uns les autres.

Fêter l'*anniversaire* de l'enfant le jour de sa naissance, c'est montrer combien il est unique, irremplaçable, désiré : un « enfant-roi » !

Baby blues

La toute jeune mère d'aujourd'hui doit se montrer comblée sous le jour éclatant du bonheur, l'égale de ces people radieux posant en couverture des magazines. L'idée que la mère doit vivre la naissance dans un état de félicité s'est imposée depuis quelques années. L'expression d'une mère désemparée par sa maternité n'a plus le droit de cité, et le baby blues – très fréquent – est souvent vécu dans la honte et la culpabilité.

Blues car le bleu pour les Anglo-Saxons désigne la tristesse et le deuil. Il correspond au « noir » des idées noires, du cafard des pays européens. Au Canada, on dit d'ailleurs « le cafard des accouchées ».

L'expression baby blues apparaît en 1952[1] pour désigner cette infinie tristesse et cette labilité émotionnelle qui explosent chez une mère trois ou quatre jours après l'accouchement. Un vague à l'âme profond alterne avec une exaltation excessive, ailleurs un épuisement subit succède à une énergie farouche. Ces jeunes accouchées expriment un profond désarroi face à cet état qu'elles-mêmes critiquent : « Je devrais tellement me réjouir ! » disent-elles.

Déjà, Hippocrate parlait de la « folie des accouchées » pour désigner ces dérèglements émotionnels temporaires. Il y avait autrefois de nombreux rituels d'accompagnement et de soutien à la nouvelle accouchée. Rites que la médecine

1. J. C. Moloney, « Post-Partum Depression or Third-Day Depression Following Childbirth », *New Orleans Child Parents Digest*, 1952.

moderne n'a pas réinventés laissant la jeune mère vivre cette expérience dans la solitude.

Jusqu'au début du XVIIIe siècle, celle qui venait d'accoucher était entourée d'une « cohue des babillardes » l'abreuvant de bavardages affectueux[1]. La fin de cette période se fêtait par la cérémonie des Relevailles*. La présence des aînées qui transmettaient leur expérience et leur savoir-faire n'a pas été remplacée, aucun rituel* n'a succédé à ces usages. À partir du XXe siècle, c'est même le comportement inverse qui est préconisé : isolement et repos sont prescrits à la jeune mère.

Ces traditions avaient leur utilité, la naissance de l'enfant implique de renoncer au ventre* « plein » habité jusque-là par le bébé désiré. Le désenchantement remplace le sentiment de puissance et d'épanouissement ressenti lors de la grossesse. La parenthèse de latence que représente le temps du baby blues pourrait bien être un délai nécessaire pour élaborer un renoncement à l'enfant imaginaire de la grossesse, pour adopter psychologiquement son enfant réel et prendre tranquillement sa place de mère de cet enfant-là.

Baby-clash

L'arrivée du bébé dangereuse pour les couples ? Drôle d'hypothèse ! Au vu des statistiques, il y a pourtant avis de tempête sur les jeunes parents. Aujourd'hui, ce sont près de la moitié des mariages qui finissent en divorce. Et le nombre de ceux prononcés après moins de trois ans d'union a augmenté de 50 %. Une tendance majorée par les séparations hors mariage, non comptabilisées. Si auparavant on se séparait une fois les enfants grands, il semble qu'à présent on n'hésite pas à rompre en présence de tout-petits. Plus question de sacrifier sa vie ou d'endurer des années de conflit sur l'autel du « tout pour l'enfant »…

Les couples qui se pressent de plus en plus jeunes en thérapie conjugale exposent à leur manière les difficultés qui surgissent de la confrontation entre le couple parental fantasmé et la réalité. L'époux et l'épouse, l'homme et la

1. J. Gélis, *L'Arbre et le Fruit*, Fayard, 1984, p. 257.

femme, le père et la mère ne sont plus définis par leurs statuts complémentaires, mais par les relations égalitaires qu'ils expérimentent au quotidien. Dès lors, le psychisme en liberté s'oppose à la contrainte des règles et des rôles préétablis. En passant de la complémentarité à la symétrie, le couple se retrouve dans une situation nouvelle de rivalité, où chacun se demande qui des deux est plus égal que l'autre ; qui aime le plus ; qui donne le plus ; qui est le bourreau et qui est la victime ; qui gagne et qui perd. Une source de questions inépuisable, qui alimente à l'infini les scènes de la vie conjugale. Ils vivent quelques mois ou quelques années dans des univers qui s'interpénètrent et tentent de construire des relations fondées sur le partage et l'intimité. Mais la distinction de sexe se confronte à l'égalité des rôles, source de bien des conflits intérieurs et relationnels !

L'arrivée d'un enfant bouscule encore un peu plus cet équilibre instable en exacerbant en eux le sentiment d'être un homme ou d'être une femme : « je me sens plus homme à devenir père » ou « je me sens plus femme à devenir mère ». Chacun d'eux est renvoyé à sa propre appartenance sexuée. Si la parentalité, en s'attachant aux rôles de chacun, gomme la différence, surtout si l'on cherche à se méfier des stéréotypes de genre, le « devenir père » ou « devenir mère » pose des questions d'un autre ordre puisqu'il interroge les identifications. L'immense intérêt du terme de « parentalité » est de souligner l'égale importance des deux parents dès le début de la vie. Mais cela n'occulte en rien le bouleversement induit par la différence des sexes : être mère d'une fille ou d'un garçon, père d'un garçon ou d'une fille… Dans un chassé-croisé d'identifications inconscientes, chacun cherche dans le regard du conjoint une validation de ses compétences, de son « être père » et « être mère », et par ricochet, d'une certaine image de la féminité et de la virilité. Et voilà qu'on (re)découvre son conjoint en tant qu'homme dans la façon dont il se comporte comme père ! On est loin du partage égalitaire du début…

Quotidien à réaménager, responsabilités à endosser, priorités à revoir… Pour le couple parental, la naissance d'un bébé nécessite de poser les bases d'un nouvel équilibre. Un bouleversement parfois délicat à gérer, notamment lorsque viennent s'ajouter la fatigue, les angoisses, la sexualité en berne ou encore les conseils contradictoires de l'entourage. Lorsque le couple accumule des conflits antérieurs non résolus, que les partenaires ne parviennent pas à faire de compromis, ou encore que les difficultés de l'un ne sont pas entendues par l'autre, il arrive que la séparation soit perçue comme la seule issue, parfois même dès la première année de vie de l'enfant.

BABY SHOWER

Assise en face de moi, comme chaque lundi matin, Anna parle de la joie qu'elle ressent d'attendre son enfant mais, pour la première fois, elle ne se plaint pas de la solitude qui l'entoure ni de son isolement qui lui pèse tant. Ce lundi-là, elle raconte d'une voix joyeuse les événements qui ont marqué son week-end où ses collègues lui ont organisé une Baby Shower.

« Une Baby Shower ? » demandais-je.

« Oui vous savez c'est vraiment trop bien, elles sont venues chez moi passer tout l'après-midi. Elles m'ont donné plein de conseils pour l'arrivée du bébé, chacune a apporté un cadeau. Moi j'avais fait plein de gâteaux. C'était vraiment super de pouvoir être chaleureusement entourée comme ça… »

Après la séance avec Anna, je me suis renseignée. J'ai appris que la Baby Shower est une fête célébrée aux quatre coins du monde en l'honneur de la future maman. Tout comme, juste avant le mariage, on enterre lors d'une fête entre amies sa vie de jeune fille, il s'agit par cette réjouissance féminine et collective de marquer le passage de la vie de jeune femme à celle de mère. Généralement, la fête a lieu vers le 8e mois de la grossesse au moment où la jeune mère se sent plus fragile à l'idée de l'imminence de l'accouchement et a tout particulièrement besoin d'être entourée, écoutée, conseillée. C'est ce que s'empressent de faire les femmes qui organisent la fête en racontant avec gaîté, douceur et apaisement leurs propres expériences et en apportant des monceaux de cadeaux. La future mère est, en effet, littéralement « inondée » *(showered)* de présents comme lors de la Bridal Shower où les invités des mariés amoncellent, telle une pluie, leurs cadeaux dans un parasol ouvert à l'envers sur le sol.

Cette fête, très prisée dans les pays anglo-saxons, trouve-t-elle son origine dans la coutume des Indiens navajos qui organisaient pour chaque future maman en fin de grossesse une Dine Bizzaad traduit plus tard en anglais par *blessing-way :* une bénédiction ? Mais de telles festivités existent aussi en d'autres pays. Ainsi en Turquie, la Fasadura réunit un groupe de femmes, et le cérémonial se déroule autour de l'étoffe blanche qui servira ensuite à confectionner le vêtement de baptême du nouveau-né. En Amérique latine, c'est la Fista de obsequios, en Irak Paush Masian, en Inde la Valaikappu et en Afrique du Sud, la Stork party. Remarquons encore que ces rencontres sont si prisées et si populaires qu'elles sont mises en scène dans les grandes séries télévisées – *Friends*, *Sex and the City* – américaines.

Ces regroupements sont l'occasion pour les mères et futures mères de se retrouver entre elles, loin du regard et de l'écoute des pères, de partager avec de plus âgées, leurs expériences de la grossesse et de l'accouchement. Certes, des livres existent aujourd'hui sur ces sujets, on constate cependant que rien ne remplace la transmission* orale et conviviale d'une femme à l'autre, comme entre mère et fille. Les futures mamans ont besoin d'être entourées, conseillées, accompagnées lors de leur grossesse et spécialement à la fin. La Baby Shower, qui perpétue une tradition très anciennement ancrée dans les sociétés, témoigne d'un besoin qui a toujours existé.

Bain

L'idée du premier bain de votre premier bébé vous inonde de joie. Vous êtes un peu affaiblie par les démarches à accomplir avant de quitter la clinique où a eu lieu l'…, la venue de l'enfant. Votre mari était si étourdi par l'événement qu'il s'est trompé de trente minutes dans la déclaration de l'heure de naissance. Il a aussi déclaré que le deuxième prénom serait Jean, du nom de son père. Vous aviez pourtant fini par admettre qu'Aurélien sonnait mieux. L'important n'est ni l'heure ni le deuxième prénom, vous êtes-vous rassurée, et vous vous êtes économisé une scène de ménage dont vous ne vous sentiez de toute façon pas capable. Après tout, l'enfant avait un père, une mère, il était en bonne santé. Tant d'enfants naissent seuls, mal fichus, en proie dès les premières secondes à des difficultés qui feront de leur vie un enfer. Non, non, votre petit Joseph a tout ce qu'il faut là où il faut, les parents qu'il faut.

Le bain, disais-je.

L'immerger, faire de l'eau sur son corps une offrande, lui prouver que la nature est bonne pour lui, comme on arrose une plante qui vous est reconnaissante, à sa manière.

Le bain, donc.

Le démailloter. Vous avez maintenu l'eau à 37° dans la petite baignoire bleue en plastique que vous avez installée au fond de la douche. Votre petit garçon est tout nu et ses yeux s'ouvrent péniblement. Il ne pleure pas, il est gentil, il s'accommode, peut-être éprouve-t-il une appréhension, mais il ne le sait pas. Vous avez peur et vous savez pourquoi : tant de bébés meurent noyés.

Ne pas répondre au téléphone, garder le regard fixé sur lui, lui maintenir la tête, ne pas le laisser glisser, lui parler doucement et de façon gaie pendant toute l'opération. *Mon petit poisson, ma crevette, mon rat d'égout malin, hou, que c'est bon de se nettoyer, comme le savon sent bon, comme...*

Les cris de Joseph et la chanson ont fait surgir votre mari dans la salle de bains.

L'eau et les rêves, expliqué-je au spécialiste du baby blues*, ne font pas toujours bon ménage.

Baptême

« Lorsque l'enfant paraît », rituels et pratiques sont, dans toutes les sociétés humaines, prêts pour l'accueillir. Aussi retrouve-t-on partout un ensemble de conduites qui visent tout à la fois à ancrer l'enfant au sein de la communauté des vivants et à symboliser son appartenance sociale.

Dans les sociétés chrétiennes, le rituel d'accueil est celui du « baptême », et pendant longtemps la grande peur des parents était que l'enfant meure avant que la cérémonie n'intervienne. Aussi, les accoucheuses d'autrefois avaient le devoir d'ondoyer l'enfant dès sa naissance dès lors qu'elles estimaient qu'il y avait danger pour sa vie afin d'éviter à son âme une errance perpétuelle et faire en sorte qu'il puisse entrer dans les limbes*, demeure des enfants morts sans nom et sans baptême. Si jamais l'enfant était mort-né* ou expirait à la naissance avant même que l'accoucheuse ait pu l'ondoyer, les parents avaient encore le recours, pour éviter au corps de l'enfant une sépulture infâme et anonyme, d'aller dans un « sanctuaire à répit » où le bébé pourrait revivre le temps d'une bénédiction. De tels sanctuaires ont subsisté, en terre française, jusqu'au début du XXe siècle.

Le baptême lave l'enfant du péché originel, l'incorpore à la communauté des chrétiens et donc le régénère, d'où l'habit blanc que celui-ci doit porter. La mère n'assiste pas à la cérémonie, le père parfois non plus, ils sont remplacés par le parrain – le « co(m)père » – et la marraine – « la co(m)mère » – qui se substituent à eux pour sauver l'âme du nouveau-né, s'engagent à l'éduquer et le soutenir tout au long de sa vie. Entre filleul, parrains et parents se tisse une forte parenté spirituelle entraînant des solidarités affectives, économiques et politiques, assorties parfois d'interdits sexuels et matrimoniaux.

En France existe un baptême civil dit « républicain » (loi du 8 juin 1794) qui est de plus en plus apprécié et usité, ce qui témoigne de la place grandissante prise par le choix électif dans la fabrication de la parenté.

Belle-mère

Elle s'est assise au bord du lit de la jeune accouchée.

Avant, elle était simplement connue comme *la-mère-de mon-compagnon* ou *la-mère-de-mon-mari*.

Also Known As : *ma belle-mère*. Certes, elle était la rivale naturelle, celle dont on note les remarques en souriant un peu, en s'agaçant, en haussant les épaules. *So what?* Et alors ?

– Ah bon, vous faites comme ça ?
– Vous l'avez bien mal élevé, votre fils.

Des échanges à fleuret plus ou moins moucheté.

Avant, ça n'avait pas d'importance de l'aimer ou pas.

Avant, cela lui était un peu égal, que la compagne ou la femme de son fils soit une gourde ou une peste, ou même une fille charmante. Avant cela, lui était un peu indifférent que le compagnon ou le mari de sa fille soit un charmant idiot, un génie, un bon type. Elle était une personne. Pas *ma belle-mère.*

Avant la naissance du petit enfant, la belle-mère et la belle-fille peuvent même rêver de relations fraternelles, d'une vraie amitié construite sur le respect mutuel, la confiance, parfois l'admiration. Belle-mère. *Mother in law* in english. Une neutralité possible. Avant la naissance du bébé, la belle-mère et son gendre (puisque cette fois-ci il y a ce mot sans équivalent, *gendre*) peuvent nourrir des sentiments complices ou agacés, et même variables.

– La reine mère va encore venir déjeuner ? dit-il, souriant, patient, complaisant, fatigué.

La belle-mère et sa bru ne savent pas les forces immémoriales qui sont en route, les maléfices qui les guettent. Les pulsions profondes.

Maintenant, l'enfant est né.

La belle-fille, *la-compagne-de-mon-fils* est devenue la porteuse de tous les espoirs de la *gens*, notre sang, notre nom vont perdurer à travers elle. Elle est désormais un maillon de la chaîne.

La belle-mère s'est assise au pied du lit de la jeune accouchée.

– Il faut bien te reposer, dit-elle, de toute sa nouvelle autorité, à la jeune mère. Il faut bien manger.

La belle-mère a renoué avec la tradition la plus archaïque. Ainsi va la vie.

Sa belle-fille va la détester.

BERCEUSE

Une fois, dix fois, cinquante fois : les notes du piano tracent un chemin de cailloux blancs qui mène au sommeil. C'est la berceuse, grâce à laquelle le bébé est envahi d'une douce torpeur. Pavlov et Piaget l'ont bien dit. Le piano matérialise le va-et-vient des bras qui tiennent fort l'enfant et le rassurent.

La boîte à musique est suspendue, c'est un mobile à la Calder, un manège volant. Les anges, les poneys, les lapins tournent à l'infini. Le mobile est une protection miraculeuse. Un toit comme un talith, comme les anciens voilages des berceaux.

Le voilage s'est fait musique. Ondée de notes, coque de douceur.

Comme la musique de Vinteuil pour Marcel Proust, spécialiste des endormissements difficiles, la berceuse du mobile fait surgir les souvenirs.

Il faut tirer sur une ficelle pour déclencher son mécanisme. Sa magie.

Une fois, dix fois, cinquante fois, un million de fois.

Le bébé couché sur le dos contemple le spectacle infini du mobile qui tourne, tourne, tourne, sept petites notes de musique. Le monde est parfait, il est clos, il est absolument tranquille. Le bébé ferme les yeux et rêve. Ou bien non.

(Pourquoi le mobile, pourquoi le piano ? Il me semble lire dans ce dispositif une volonté de donner à la berceuse un caractère universel et impersonnel. La même musique au même moment au-dessus de millions de berceaux.

Pourtant, j'ai adoré le mobile accroché au-dessus du berceau.)

Dors mon enfant, mon petit, mon amour, dans les champs les agneaux ferment leurs paupières. Dans les bois les faons sont assoupis, Dans les arbres, les oiseaux se sont tus. La berceuse chante l'harmonie.

Elle est un rempart contre la peine, la peur, les soubresauts du monde. Elle est rose et bleu comme une après-midi d'été.

Alors pourquoi se sent-on légèrement mélancolique, en faisant tourner le mobile, en chantonnant cet air cent mille fois murmuré ? La berceuse qui, dans son balancement, arrête le temps, est comme la petite musique de Vinteuil : elle évoque le temps perdu.

CÉSARIENNE

À l'heure actuelle, une femme sur cinq en Europe accouche par césarienne.

Quand pratique-t-on une césarienne ? Lorsque la vie du fœtus ou de la mère est menacée : en cas surtout de dystocie, à savoir une disparité entre le diamètre de l'orifice du bassin et la corpulence du fœtus. Est particulièrement dangereuse la dystocie « des épaules », qui se trouvent bloquées après l'expulsion de la tête, visible et cyanosée. De nombreuses techniques ont été mises au point et s'accompagnent parfois, *in extremis*, du bris des membres du fœtus.

À côté de la dystocie, énumérons : la mauvaise présentation de l'enfant (par le front ou par le siège) ; la trop grande prématurité qui fait craindre la souffrance du fœtus ; un manque de dilatation du col ; la présence de fibromes, de kystes ou même du placenta* qui se met en travers ; des hémorragies ; une souffrance du fœtus, visible grâce au monitoring ; une maladie maternelle grave ; des accidents cardio-vasculaires ; une incompatibilité de facteur rhésus... Il est parfois difficile, voire impossible d'accoucher par voie basse.

À cette longue liste s'ajoute désormais la prise en considération des angoisses de certaines femmes. Les problèmes médicaux se traitant maintenant par accord et discussion approfondie de tous les aspects, y compris psychologiques de la question, ce fait majeur est une des composantes de l'augmentation des cas de césariennes dites « de confort ». On notera que, depuis un siècle, l'intérêt des femmes est pris en considération, au rebours des usages antérieurs où tout devait être fait pour obtenir l'enfant vivant, fût-ce au détriment de la vie de la mère. La programmation recouvrirait 12 % des cas. En effet, les normes internationales situent le taux de césariennes pratiquées en maternités entre 5 et 15 % des accouchements. Or, certaines dépassent le taux de 25 %.

L'opération n'est pas difficile ni longue. Le médecin pratique une incision horizontale juste au-dessus du pubis, d'une dizaine de centimètres. Il écarte à la main, doucement, les différents tissus incisés. Il ne faut pas plus d'une minute et demie pour extraire le bébé par le côté, l'opération prenant au total vingt minutes. L'opération se fait sous péridurale, rarement sous anesthésie générale, pour que la mère participe à la sortie de son nouveau-né.

C'est une opération appréciée, mais toujours dangereuse pour la mère : risques d'infection, de phlébite, d'hémorragie, d'embolie pulmonaire. Le taux de mortalité est de quatre à cinq fois plus important que celui observé dans l'accouchement naturel. Pourquoi le nombre de césariennes augmente-t-il, cependant ? Cette progression est fonction de l'augmentation du nombre des grossesses à risques (grossesses tardives...), des progrès de l'anesthésie et particulièrement de l'usage de la péridurale, de l'amélioration des techniques chirurgicales qui conduit à une banalisation de l'expérience, enfin de la prise en considération, grâce au monitoring, de la souffrance que subit le fœtus en cas d'accouchement difficile et prolongé.

La césarienne porte ce nom, venu du latin (*caedere*, couper), en raison du *cognomen* de Jules César, empereur, dont la tradition veut qu'un de ses ancêtres ait vu le jour de la sorte. On pratiquait à Rome la césarienne sur des femmes tout juste décédées. Cette césarienne *post mortem* fut même imposée par la Lex Regia de Numa Pompilius, obligation reprise par l'Église catholique pour permettre le baptême* du bébé.

La première opération tentée sur une femme vivante eut lieu en 1500, en Thergovie. La même opération fut tentée au XVIe siècle, mais de façon toujours meurtrière pour les femmes. Jusqu'au XVIIIe siècle, cinq femmes sur six en meurent de péritonite aiguë ou d'hémorragie. Un renversement eut lieu avec l'apparition au XIXe siècle de l'asepsie (1847), de l'antisepsie (1867) et de l'anesthésie (1880). En 1882, le nouveau type d'opération proposé par Max Sänger avec incision transversale basse fait tomber la mortalité maternelle à 10 %. C'est seulement avec les antibiotiques (années 1950) que le taux de mortalité des femmes a véritablement baissé.

On le constate statistiquement en paléoanthropologie, la mise au monde des enfants s'est accompagnée d'une véritable hécatombe pour les femmes. La cause majeure en était la dystocie. Pourquoi l'évolution de l'espèce humaine s'est-elle accompagnée d'un rétrécissement du bassin et de son ouverture, le rendant impropre à des accouchements simples ? Partout dans le monde, des conventions sociales privilégient la différence de stature et de poids entre les conjoints[1]. On est parvenu à cette norme sociale dans l'histoire humaine par l'usage d'une alimentation différentielle qui supprime ou raréfie pour les femmes les nourritures jugées échauffantes mais riches en protéines, calcium et autres éléments nécessaires à une bonne croissance, comme la viande, les œufs, le poisson, la graisse. Des privations du même ordre avaient cours encore en France au milieu du XXe siècle dans les campagnes, où on estimait toujours que les deux sexes avaient des besoins différents. Il s'en est suivi dans l'histoire évolutive de l'humanité non seulement des accouchements mortels pour les femmes, mais une modélisation durable de l'espèce humaine selon l'idée qu'on se faisait des compatibilités entre type d'alimentation et sexe. Cette évolution physique, accentuant ou faisant apparaître un dimorphisme corporel en taille et en poids, n'a pas été au bénéfice des femmes, contrairement à toute logique. L'actualité de la césarienne est une des manifestations physiques de la constance de la valence différentielle des sexes.

CHOIX DU PRÉNOM

Chaque société organise à sa manière la transmission* du nom* de famille qui détermine l'étendue et les limites de celle-ci. En France, celle-ci est patrilinéaire. C'est la fonction paternelle qui symbolise cette appartenance. L'enfant bien avant sa naissance se trouve donc inscrit par le mariage de ses parents à l'intérieur de la filiation*. Si le nom de la mère peut maintenant être accolé à celui du père, ce n'est généralement pas celui qui sera transmis à sa descendance.

Le choix du prénom résulte d'une logique opposée. Les deux parents et d'autres personnes peuvent y participer même si c'est le père qui déclare habituellement la naissance de l'enfant. Ce choix relève de déterminants complexes. La

1. Voir les travaux de Priscille Touraille, *Hommes grands, femmes petites : une évolution coûteuse*, Éditions de la MSH, 2008.

mode y joue son rôle, comme autrefois la liste des saints du calendrier. Aujourd'hui, les parents ont toute latitude sauf à choisir un prénom ridicule ou connoté de dangerosité. La décision résulte souvent de souvenirs parentaux ou amicaux mais aussi de personnages de films ou de romans, que ces influences soient ou non conscientes. La décision peut être prise aussi en raison du signifiant et des assonances inconscientes qui s'y produisent. Une de mes patientes nomma sa fille Anaïs pour réaliser plus tard qu'en interposant « elle » c'est « analyse » qu'elle l'avait nommée. Une autre appela ses filles Anna et Lili sans y reconnaître le moindre déterminisme.

On peut évoquer une fonction déterminante du nom et s'amuser du lien avec la profession choisie. Il en est de même pour le prénom, mais ce n'est là qu'une possibilité. Le sujet peut choisir ce qu'il fera de son ou de ses prénoms, qui s'inscrivent comme trace à remanier ou à se réapproprier. Freud a proposé une conception de l'appareil psychique comme système d'inscriptions simultanées ou successives qui s'organisent et se réorganisent rétroactivement dans une hiérarchie enchevêtrée pour réaliser plus tard son identité. Mon prénom, Sylvie, est aussi celui de trois de mes patientes infertiles*. Dans la cure, elles lui ont introduit un poids signifiant (s'il vit) qui m'était étranger jusqu'alors !

COMME IL TE RESSEMBLE

Mater semper certa es, « la mère est toujours certaine » ; *pater est semper incertus*, « le père est toujours incertain ». Cet adage romain affirme que le père* de l'enfant n'est jamais certain de sa paternité. Est-ce alors pour cela qu'il aime tant entendre « comme il te ressemble » ?

Une équipe de recherche de l'Institut des sciences de l'évolution à Montpellier a mené une étude où des juges externes à la famille ont statué sur la ressemblance d'enfants âgés de 0 à 6 mois à chacun de leurs parents. Les résultats sont clairs, à la naissance, le nouveau-né ressemble plus à ses propres parents qu'à d'autres adultes de la population. Mais qu'il soit fille ou garçon, il ressemble plus à sa mère…

L'attribution de la ressemblance du père par la mère serait une manipulation sociale visant à conforter sa paternité[1].

Avec l'assistance médicale à la procréation, le père devient certain de sa paternité. Lorsqu'il va faire un recueil de sperme, ce dernier sera directement mis au contact des ovocytes de sa femme. S'il a recours à un don de spermatozoïdes étrangers, l'absence de lien biologique est tout aussi sûr. Pour autant, les centres d'étude et de conservation des œufs et du sperme (CECOS) ont pour politique d'attribuer aux hommes infertiles les spermatozoïdes d'un donneur qui s'apparente au mieux physiquement au receveur, permettant aux futurs parents de rêver de transmettre des traits physiques sur leur progéniture se rapprochant de ceux du patrimoine familial. Entendre « Comme il te ressemble ! » pour chacun des parents signifierait que son enfant est sans aucun doute bien de lui, de sa filiation* biologique. Et que cet enfant est bien issu de leur rapport le plus intime.

Lorsqu'un couple revient au CECOS pour un deuxième enfant, il est fréquent d'entendre : « Notre enfant ressemble beaucoup à mon mari, cela serait super d'avoir le même donneur pour notre deuxième enfant ! » La ressemblance de l'enfant à son père, même si elle n'est pas biologique, rassure l'homme quant à sa paternité.

Quelle est l'inquiétante étrangeté qui s'empare d'un père ou d'une mère si leur enfant ne leur ressemble pas ? À quel « autre » inconnu l'enfant ressemble-t-il ? Cet étranger trouble dérange, voire inquiète.

Cela vient-il ouvrir un questionnement sur sa propre ressemblance avec ses parents et la façon dont on est relié à sa famille et dont on s'inscrit dans cette histoire transgénérationnelle ?

Congé (de maternité, de paternité et parental d'éducation)

Les *congés de maternité* ont été créés en 1909 en France, sous l'intitulé « période de congé de droit pour la salariée

1. A. Alvergne, C. Faurie, M. Raymond, « Differential Facial Resemblance of Young Children to Their Parents: who Do Children Look Like more? », *Human Behavior*, mars 2007, vol. 28, p. 135-144.

enceinte* ». On reconnaissait l'importance de leur contribution à la reproduction de la société en leur fournissant une aide matérielle (du répit) et financière pendant quelques semaines avant et après la date prévue de l'accouchement. Les employeurs y sont astreints. En France, ce congé est actuellement de seize semaines, avec durée minimale de quatorze semaines et prise en charge du salaire à 100 %.

La situation européenne est disparate. Ainsi, s'il est en Suède de soixante-quinze semaines avec 80 % du salaire, il tombe à Malte à quatorze semaines avec 160 € par semaine pendant quatre semaines seulement. Le 20 octobre 2010, le Parlement européen a suggéré qu'il soit porté partout à vingt semaines rétribuées à 100 %. Cette mesure ne fut pas adoptée, car les États rechignent devant la cherté de la mesure. On avance aussi des arguments sociologiques bien connus : une absence trop longue coupe les femmes du monde du travail, et – argument soutenu par des mouvements féministes – il est injuste et injustifié de faire porter tout le poids de l'enfant seulement sur les femmes : il faudrait répartir plus équitablement charges, soucis et congés entre le père et la mère.

Cet argument a été entendu par le gouvernement de Lionel Jospin qui a créé le 1er janvier 2000 le *congé de paternité*. Il s'agit de onze jours calendaires (en intégrant le week-end et les jours fériés) qui viennent s'ajouter aux trois jours légaux du « congé de naissance », soit quatorze jours au total. Ces onze jours ne peuvent être fractionnés et doivent être pris dans les quatre mois qui suivent la naissance. Des statistiques sûres font encore défaut, mais il apparaît que seule une petite fraction des hommes concernés prend actuellement ces congés de paternité en France, et que le nombre le plus faible se situe chez les cadres. Manque-t-il d'attrait à cause de sa brièveté ? Ou ne s'agit-il pas plutôt de la permanence dans les esprits du modèle archaïque dominant de la répartition des tâches ?

Tout autre est le *congé parental d'éducation* mis récemment sur le marché, qui comporte le complément « libre choix d'activité ». Il peut être demandé par le père ou par la mère pour toute naissance ou adoption* d'un enfant de moins de 16 ans. Se situant dans la prolongation des congés de maternité ou de paternité, il est d'une durée de six mois maximum (et peut être prolongé jusqu'à trois ans, mais sans contrepartie financière) pour le premier enfant. Pour les enfants suivants, ce congé est possible avec versement d'un « complément libre choix d'activité » jusqu'aux 3 ans de l'enfant. La durée initiale est d'un an, mais deux renouvellements sont possibles. On peut choisir, mais ce choix est irréversible, le « complément optionnel », qui est versé pendant douze mois maximum dans les mêmes conditions. Le père et la mère peuvent prendre ces congés en même temps ou chacun à son tour. Dans le cas du complément optionnel, ils ont le choix de s'arrêter totalement ou de travailler partiellement. S'ils s'arrêtent totalement, le contrat de travail est suspendu ; s'ils s'arrêtent partiellement, il est simplement modifié. Dans le cas du travail partiel maintenu, la fourchette doit se situer entre au minimum seize heures de travail hebdomadaires et 80 % du temps. La protection sociale est maintenue ainsi que les avantages acquis.

On le constate, des progrès ont été faits pour permettre une meilleure répartition des tâches au sein du couple à la naissance des enfants et faire en sorte que les femmes ne portent pas seules le poids de la reproduction sociale. Il reste difficile après un ou plusieurs congé(s) de maternité ou parental(aux) d'éducation de retrouver son poste, d'avoir droit aux avancements auxquels on peut légitimement prétendre. La simple suspicion de possible maternité est déjà un frein à la carrière dans de nombreuses entreprises…

Mettre au monde des enfants est une nécessité pour la société. Les femmes les portent certes, mais il n'y a pas de liaison organique entre le fait de porter puis d'accoucher et la dépendance au travail domestique qui s'ensuit dans nos sociétés et ailleurs. Il s'agit là d'une construction mentale, héritée de nos très lointains ancêtres de la préhistoire, que nous pouvons changer. Ces quelques mesures y aident. Il conviendrait que le poids (ou le coût) de l'enfantement soit partagé par les deux membres du couple dans des conditions telles qu'elles ne lèsent aucun des deux partenaires. Cet idéal est loin d'être atteint.

Cordon (Couper le)

Le cordon ombilical est l'organe qui relie le fœtus à la mère. Il est composé de deux artères et d'une veine et s'insère sur le placenta*. C'est à travers lui que passent l'oxygène et les nutriments issus du sang maternel, indispensables à la survie et à la croissance du bébé.

Dans certaines cultures, le cordon est considéré comme un double du fœtus. Il est parfois célébré avec l'anniversaire de l'enfant. Il peut être conservé et même planté au pied d'un arbre qui grandira avec l'enfant. Le cordon est même, paraît-il, mangé dans certaines populations pour unir la famille.

Le cordon ombilical est aussi utilisé comme source de cellules souches productrices de cellules sanguines et permet des greffes pour certaines leucémies. Il peut être congelé au moment de l'accouchement, et des banques publiques de cordons ombilicaux congelés ont été constituées pour servir de source de ces cellules. Il peut aussi être stocké pour une utilisation ultérieure pour l'individu lui-même : des banques privées de cordons existent à l'étranger où les parents peuvent conserver le cordon de leurs enfants. Ces banques sont à ce jour interdites en France qui s'oppose à cette option mercantile entre autres, car aucune étude ne montre la supériorité d'une greffe autologue de cordon.

« Couper le cordon » est aussi une métaphore qui, au passage à l'âge adulte, renvoie filles et garçons au temps primordial de la naissance où le nouveau-né est séparé du ventre* maternel par une ligature du cordon ombilical et une coupure ultime. Si la première séparation n'est pas assez prise en compte pour libérer le sujet de l'influence prééminente de la mère (ou du père), on le lui reprochera en lui rappelant fermement : « Il est temps de couper le cordon, mon chéri ! »

Couvade

La couvade désigne un ensemble de symptômes troublants pouvant survenir chez le conjoint d'une femme enceinte*. Si ce syndrome a été décrit pour la première fois en 1865 par Tyler, il faudra attendre un siècle et les travaux de Trethowan et Colon pour mieux appréhender cette manifestation.

L'incidence de la couvade, principalement rapportée dans les pays industrialisés, va de 11 à 97 %. Elle se retrouve dans toutes les classes sociales. Si cette entité n'est pas présente dans la nosologie des maladies psychiatriques, elle doit être considérée comme un désordre psychosomatique sans base physiopathologique clairement démontrée.

Les symptômes sont principalement présents aux 1er et 3e trimestres de la grossesse et cèdent dès la naissance de l'enfant ou peu après l'accouchement. Ils sont rapportés autant pour une première grossesse que lors des suivantes et associent à la fois des signes physiques et psychologiques. La dépression, l'anxiété, une irritabilité et une nervosité sont fréquemment décrites à des degrés variables. Cliniquement, les symptômes le plus souvent notés concernent la sphère gastro-intestinale avec des nausées, des douleurs abdominales et des modifications de l'appétit avec une prise de poids importante. Par ailleurs, certains rapportent des troubles respiratoires, des douleurs dentaires, des crampes, des brûlures génitales et des saignements de nez. Enfin, des modifications du comportement telles que des perturbations du sommeil, une agitation et une baisse de la libido peuvent également être relevées.

La couvade constitue donc un phénomène fréquent, mal expliqué, pour lequel il conviendra de poursuivre les recherches afin d'en comprendre les bases physiopathologiques, les répercussions sur le couple et le coût pour la société.

Un grand nombre de théories ont été avancées pour expliquer l'origine de ce syndrome. Les théories psychanalytiques pointent un double phénomène d'envie masculine de la capacité de leur femme à pouvoir porter une grossesse ainsi qu'une rivalité fœtale. Les théories psychosociales rapportent la couvade à la marginalisation de la paternité et à la crise transitionnelle en rapport avec le fait de devenir parent.

Voir aussi Interdits et prescriptions.

De la miss à la *Mrs*

Je ne me marierai jamais, ai-je dit avec ferveur, prononçant ces cinq mots comme un serment et une constatation.

Alors, tu resteras toujours une demoiselle, a rétorqué quelqu'un dont la voix me reste en tête. Tu seras dans les siècles des siècles une demoiselle sur une balançoire, une demoiselle qui volette de nénuphar en nénuphar, une demoiselle la jupe en corolle et les bras nus.

Une sirène avec une vie en queue de poisson.

En anglais on dit *Miss*.

Les miss font des concours de beauté.

Je serai Miss Monde.

Les miss désargentées gardent les enfants des autres, puisqu'elles n'en ont pas et n'en auront jamais, sinon elles ne seraient plus des miss. Miss Chose, pouvez-vous emmener Augustine au jardin ?

Je passerai mon temps au parc.

Les miss, fortunées ou non, sont légères et sautillantes, souriantes dans les premières années, puis, le temps passant, elles deviennent sévères, elles donnent des coups de règle sur les doigts. Je vous en prie, miss, je ne recommencerai plus.

Parfois, elles sont légères leur vie durant, Audrey Hepburn est une miss éternelle. Katherine Hepburn aussi, *in another way*. Femmes libres, vierges folles, fantaisistes avant tout.

Moi je serai Mrs, dit ma sœur. On me respectera, on me dira : mes hommages, Mrs. J'aurai de l'autorité. On me répondra : Bien sûr, Mrs.

Je deviendrai large des hanches et des épaules. Je serai matrone.

La miss enfin dépucelée, enfin mariée, a donné des enfants à son époux, à la famille, elle a sauvé le nom de la tribu, elle est dorénavant respectée. Félicitations, Mrs.

Il y a des exceptions.

Mrs Dalloway, l'héroïne fantasque et profonde de Virginia Woolf, en est une.

Il y a quelques décennies, les femmes, agacées qu'on perpétue cette opposition archaïque entre la vierge Miss et la digne Mrs, ont proposé qu'on unifie l'appellation. Toutes *Mrs*. Finis les ricanements, les remarques oiseuses, les insinuations désobligeantes. Miss ou Mrs ? Cela ne te regarde pas, *asshole* !

N'empêche, je ne me marierai jamais.

DÉESSE MÈRE

Dès la préhistoire, on trouve dans les sépultures des statuettes et des représentations féminines où les organes de la fécondité, seins, ventre*, fesses, bassin sont exagérés et évoquent la mère nourricière. Ces représentations de la mère existent sous différentes formes et sous d'autres noms dans toutes les civilisations. Elles sont considérées comme des déesses mères d'un culte ancien et païen comme par exemple Demeter, la déesse grecque de la fertilité de la terre et des récoltes, mais dont les pouvoirs sont étendus à la fertilité du mariage et à la fécondité. Ou comme Isis en Égypte, la mère protectrice des pharaons et Vénus à Rome ou Gaïa en Grèce. En effet, Gaïa est la déesse primordiale identifiée à la « Déesse Mère ». Elle est l'ancêtre maternelle des races divines, elle est à l'origine de la création des êtres. À partir de l'apparition du christianisme, la Vierge Marie* prend une place essentielle dans la vénération des fidèles et montre que le symbole de la mère est omniprésent.

Gustav Jung, contrairement à Freud, ce qui les séparera, prendra en compte les mythes, légendes et symboles magiques ou religieux, et considérera qu'ils peuvent avoir un impact conscient ou inconscient sur le sujet. Avec son élève et maîtresse, Toni Wolff, ils créeront une figure, l'« anima », à partir du concept féminin, qui serait la part féminine de l'homme et dont l'un des niveaux est la déesse mère. Selon Jung et Wolff, le sujet prend progressivement conscience de sa part masculine ou féminine. Pour Toni Wolff, chez l'homme, les quatre constituants plus ou moins présents de l'« anima » sont la *femme primitive*, Ève par exemple, la *femme d'action*, comme Jeanne d'Arc, la *femme de sublimation* à l'image de la Vierge Marie et enfin la *femme sage*, qui est une déesse mère.

DÉNI DE GROSSESSE

Rien ne peut laisser penser à Sylvia qu'elle est enceinte* : elle prend la pilule, a normalement ses règles*, et elle ne ressent ni nausée ni tension dans la poitrine. Quinze jours avant la révélation de sa grossesse, elle est en maillot de bain chez des amis au bord de leur piscine, personne ne remarque les trois kilos qu'elle a pris récemment et qui la chiffonnent quelque peu. Lorsqu'elle apprend enfin son état, elle est à quelques jours du terme. Elle sanglote, se donne des coups de poing sur le ventre*. Cet enfant, elle n'en veut pas, elle est déjà maman d'une petite fille de 20 mois, elle a perdu sa propre mère peu avant sa naissance, elle est épuisée. Dans la nuit qui suit l'échographie* révélatrice, elle rêve qu'elle accouche d'un bébé vieillard tout ridé qui la regarde en ricanant. Elle se réveille avec un ventre énorme, celui d'une femme enceinte de neuf mois. Le surlendemain, elle met au monde un beau petit garçon en pleine santé. Sa grossesse aura duré quatre jours, et il lui faudra plus d'un an pour reconnaître cet enfant et s'en occuper avec tendresse. Quant à la culpabilité de son aveuglement, elle la tenaille encore quinze années plus tard…

« Fais comme si tu ne savais pas », enjoint le jeune Marcel Proust à sa mère lorsqu'il veut lui expliquer pour la énième fois sa méthode. « Je sais bien, mais quand même », aurait-elle pu, à l'instar d'Octave Mannoni, répliquer à cette injonction filiale, afin de lui indiquer comment une conviction peut survivre au démenti de l'expérience. Et à quel point la puissance du déni se propage auprès de spectateurs complices.

Car s'il est une chose que le déni de grossesse démontre avec éclat, c'est bien la toute-puissance de la psyché, la force d'une croyance qui soulève des montagnes : je veux ignorer cette grossesse, je ne veux rien savoir de ce corps habité, je ne désire pas être enceinte, et donc, je ne le suis pas.

Les règles persistent, le ventre reste identique à lui-même, les mouvements du bébé deviennent d'inoffensives petites coliques. Du reste, cet enfant a vite fait de se tapir : il se place le plus souvent en position debout dans un utérus resté à la verticale, sous les côtes de sa mère, avec une présentation en siège qui rend le ventre moins proéminent. Les muscles de l'abdomen ne se relâchent pas, et le ventre reste parfaitement plat. Au moment de l'annonce du déni par le médecin et de la prise de conscience de la grossesse, il est fréquent de voir le corps se transformer en un temps record…

Le déni de grossesse s'est invité sur la scène médiatique, comme auprès de la communauté médicale, à l'occasion de faits divers spectaculaires, alors qu'une grossesse sur 400 est découverte entre le 5e et le 9e mois, et une sur 2 500 lors de l'accouchement chez des femmes de tout âge, profil socio-économique, niveau d'étude ou situation familiale, bref, des femmes d'une désarmante normalité.

Ce déni bafoue un instinct maternel* que nous naturalisons volontiers, il est comme l'envers du décor d'un « désir d'enfant* » que nous avons vite fait de réifier. Ces êtres venus de nulle part interpellent cet enfant du désir que nos sociétés ont placé dans leur centre de gravité, par leur force de vie et leur désir de venir au monde.

Désir d'enfant

Chez la femme, le désir d'enfant qui se manifeste, quand elle décide d'arrêter la contraception pour procréer, procède de fantasmes très anciens. Si l'instinct et la biologie peuvent toujours être incriminés, c'est un complexe processus psychique qui permet d'aboutir à cette décision. Il est toujours possible d'interroger la demande qui se manifeste sans que le désir soit systématiquement impliqué. « Ce n'est pas tant que je veuille un enfant, dit une patiente stérile, mais je veux avoir tout fait pour l'avoir. »

Le désir d'enfant chez la femme fut rapporté par Freud à l'anatomie. C'est l'absence de pénis, qu'il nomme « castration féminine », qui vient rompre la relation passionnelle unissant la mère à sa fille. Sa colère devant cette infériorité la conduit à se tourner vers son père, seul capable de lui procurer un enfant qui sera le substitut du pénis manquant. Ce mouvement psychique existe parfois. Cependant, la théorie s'est aujourd'hui complexifiée.

Dès la naissance, le bébé est baigné dans les pulsions sexuelles inconscientes de ceux qui s'occupent de lui, dans une « séduction originaire ». Le lien avec la mère peut entraîner des désirs précoces d'obtenir d'elle un enfant ou de le lui « faire ». Devant la frustration de l'exclusivité de cet amour, celui-ci se change alors en identification à la mère. Celle-ci le porte vers son père dans un mouvement œdipien. Là encore la déception prévaut. L'identification au père qui lui succède peut favoriser un passage par l'homosexualité psychique qui réconciliera la femme avec sa propre féminité. D'autres hommes hériteront de cet amour insatisfait. Le désir d'enfant qui survient alors est porté par l'amour à condition que la mère et le père aient pu investir leur fille comme femme et mère potentielle. La femme peut alors satisfaire un désir d'enfant et, devenant mère, assumer totalement d'être femme.

Deuil de maternité

C'est dans le désordre des choses que surgit la mort avant de naître, alors qu'un projet de vie se construit, que tout est en espoir, en promesse d'enfant.

Médicalisé, surveillé très tôt, l'embryon, le fœtus est perçu comme une petite personne qu'on connaît presque et à laquelle on est déjà attaché. S'il est vu en souffrance létale, s'il est reconnu en péril, c'est à la demande de la mère, du couple et avec l'accord des médecins que revient la décision de vie ou de mort.

Bouleversée par la sentence consentie – l'acte d'arrêt de vie passe par son corps –, la mère plonge dans un saisissement sans image ni pensée, un traumatisme qui dépasse les capacités d'élaboration du moi.

Fausses couches spontanées, morts fœtales *in utero*, réductions embryonnaires, interruptions médicales de grossesse… Comment faire le deuil de qui n'a pas vu le jour ?

« Je voudrais l'avoir près de moi, une heure.

– C'est impossible. Il est mort. Je ne peux pas vous donner votre enfant mort[1] ».

1. M. Duras, « C'est vous, sœur Marguerite… ? », in *Cahiers de la guerre et autres textes*, Éditions POL, 2006.

Voir le mort-né*, comme le demandait la romancière, est possible aujourd'hui quand les mères le souhaitent, cela contribue à donner sens à la douleur. La brutalité de la vision réelle du bébé mort semble finalement moins violente que la virtualité d'une mort cachée, imaginée, terrifiante. Si la loi autorise aujourd'hui aux parents l'inscription à l'état civil et l'inhumation ou la crémation du fœtus mort dès 15 semaines d'aménorrhée, à condition qu'il y ait un certificat d'accouchement, c'est qu'elle considère comme recevable la demande des parents endeuillés d'inscrire dans la filiation* le tout-petit mort-né.

Ces morts « aux limites » de la vie ont depuis longtemps attiré l'attention sur l'infime frontière entre le « rien » et la personne. Dès lors s'est imposée la nécessité, pour celui et celle qui sont confrontés à une telle mort, d'avoir un soutien, des repères pour imaginer cette disparition. De ces vies éphémères qui laissent des traces dans la mémoire des mères, des parents, le chagrin doit s'exprimer, le deuil doit pouvoir se faire, non sans mal, d'un projet de vie idéalisée, d'un futur de tous les possibles.

Devenir mère

Devenir mère serait la dernière étape de la croissance où l'état adulte se trouverait enfin atteint.

La conjointe devenue mère est fière de donner à ses parents l'enfant désiré qui fera d'eux des grands-parents heureux mais plus proches de la pensée de la mort. Ne dit-on pas qu'une mort paie une naissance ? Comment éviter une certaine culpabilité à s'octroyer ainsi la place de sa propre mère, autrefois vécue comme omnipotente ? Certaines femmes demeurent stériles faute de pouvoir affronter ce conflit. La plupart y parviennent, et le projet d'enfant aboutit alors à la naissance préparée actuellement par les images des échographies*.

Un nouvel objet d'amour est créé. L'enfant réel n'est pas si parfait que celui, virtuel, de la grossesse. La jeune mère cependant vit dans la fusion et dans une complétude narcissique qui l'isole, sous la protection bienveillante du père. La préoccupation* maternelle protège la rêverie tandis que la mère, interprétante des messages de son bébé, l'introduit dans le langage. C'est un changement majeur où la mère peut trouver difficile sa solitude face à l'enfant qui la sollicite sans sembler toujours apaisé par ses soins.

Elle projette aussi, sur cet objet d'amour total, l'enfant qu'elle fut, sa rage et ses ambivalences enfantines et la relation avec sa propre mère qu'elle cherche à revivre ou à restaurer. Elle devra aussi donner une place au père* aujourd'hui moins distant que jadis et qui s'implique avec elle. Ce cheminement favorise une fonction paternelle plus tendre. C'est la mère néanmoins qui devra rompre la fusion, distendre le lien, afin d'engager le bébé vers une autonomie progressive tandis qu'elle retrouvera la sienne. Mais cet amour, parfois qualifié de masochisme féminin, reste une des grandes satisfactions libidinales de la vie, même si nous ne pensons plus, depuis Freud, que la relation maternelle soit la seule qui soit dépourvue d'ambivalence.

DON D'OVOCYTES

Le don d'ovocyte est une chance pour certaines femmes infertiles* de devenir mères en faisant l'expérience de la grossesse.

Dans certains pays, le choix peut se faire sur catalogue : la donneuse et la receveuse connaissent leur identité respective. Ailleurs, il est anonyme, mais l'ovocyte est sélectionné selon les caractéristiques phénotypiques de la femme receveuse. Le don mime le plus possible le modèle « naturel », la ressemblance est érigée en norme. C'est le cas en France.

Alors que la donneuse se décide rapidement à offrir ses ovocytes, parfois dans un mouvement identificatoire à la femme infertile, la receveuse ne se résout à accepter ce don qu'après hésitation, s'interrogeant sur la donneuse ainsi que sur la rupture de sa propre filiation*. « Serai-je capable d'être mère de cet enfant qui vient d'une autre femme ? » L'énigme sur l'identité de la donneuse imprègne l'imaginaire de la receveuse qui se demande si son enfant, un jour, n'ira pas chercher sa « vraie mère »...

Accepter dans son corps l'ovocyte d'une étrangère, fécondé par le sperme de son compagnon peut faire fantasmer un adultère.

Renoncer à ses ovocytes, rompre avec ses gènes suppose un deuil à faire de sa filiation biologique : « Parfois, je regarde mon fils et je le trouve si mignon avec sa petite bouche, ses cheveux, ses yeux qui ont un peu ma couleur que j'imagine avec reconnaissance la donneuse. » Accepter un don n'est-ce pas aussi admettre la parcelle d'énigme qui vient de l'autre femme dans son enfant ?

« "À qui ressemble cette petite fille ?" me demande-t-on souvent. Au départ, j'aurais aimé qu'elle me ressemble comme deux gouttes d'eau, et puis j'ai appris à aimer cette part d'inconnu et à progressivement l'apprivoiser. »

Pour certaines, le don d'ovocytes serait aussi une manière de se délester de la filiation biologique maternelle : « Une pensée me remplit d'aise… mon fils n'aura rien de ma mère ! » L'idée d'une dette de gratitude envers la donneuse restaure peut-être inconsciemment une relation à la mère qui aura précisément fait défaut.

DOUDOU

L'inquiétude du monde, l'angoisse de l'endormissement, la crainte d'être abandonné chez le tout-petit est apaisée par le doudou. Ce vulgaire bout d'étoffe, banale soierie parfumée ou pelote de lainage usée par les manipulations multiples, suggère le lien érotique à la mère. Objet transitionnel, selon Winnicott[1], première possession hors moi du nourrisson, chose palpable séparée du corps de l'enfant, il est indispensable dans les moments d'isolement ou d'endormissement. L'enfant touche, malaxe, hume, tortille le doudou, le porte à ses joues, ses narines, ses oreilles tel un câlin maintes fois renouvelé. Dorloté par son doudou parfumé de l'odeur maternelle, le bambin s'endort, auto-érotiquement choyé.

1. D.W. Winnicott, « Objet transitionnel et phénomènes transitionnels », *De la pédiatrie à la psychanalyse*, Payot, 1969.

Cet objet doit résister aux intempéries affectives, brutalité, abandon[1], colère… qui témoignent de l'ardeur amoureuse de l'enfant qui exige du doudou qu'il se maintienne coûte que coûte, permanent et à portée de main, en état de tiédeur, d'odeurs invariables. Malheur à celui qui lave le doudou !

Il faut à l'enfant parfois choisir entre le doudou et la mère. Une étude[2] montre que si chacun séparément a un effet apaisant, leurs effets ne s'additionnent pas dans une situation anxiogène, comme chez le médecin par exemple. Si la mère propose à l'enfant de prendre en plus son doudou alors qu'elle est présente, celui-ci sera inquiet de cet excès de précaution.

Le doudou serait-il « un objet de consolation, de réparation ?[3] », une défense contre la perte de l'objet, un fantasme de retour vers le premier domicile connu ou une mémoire hallucinatoire de l'effet apaisant ? Il devrait être peu à peu désinvesti, ayant favorisé le passage du narcissisme primaire à la constitution de l'objet.

Depuis longtemps remisé ou disparu pour les hommes, « il n'est pas tant oublié que relégué dans les limbes*[4] ». Il perdrait carrément pour ces derniers sa signification. Il arrive cependant que le doudou ne disparaisse pas de la vie quotidienne, surtout de celle des femmes. Il serait, alors, la marque d'une rupture inachevée avec la mère de l'enfance mais aussi la source d'une satisfaction érotique à laquelle elles ne sont pas prêtes à renoncer.

ÉCHOGRAPHIE

L'échographie est une technologie qui a bouleversé la discipline de la gynécologie-obstétrique. Elle permet en effet, par un mécanisme faisant appel aux ultrasons, d'apprécier

1. F. Vigouroux, dans *L'Âme des objets*, Hachette littératures, 2008, parle de ce qui est mis en œuvre pour retrouver les doudous perdus, comme les sites Sosdoudou.fr ou Milledoudou.com.
2. G. J. Ybarra *et al.*, « The Presence of Security Blankets or Mothers (or Both) Affects Distress during Pediatric Examinations », *J. Consult. Clin. Psychol*, 2000 avril, 68 (2), p. 322-30.
3. M. Saïet, *Femmes et doudou, l'objet de l'endormissement*, Puf, 2008.
4. D.W. Winnicott, *op. cit.*, p. 114.

de manière non invasive, la morphologie du fœtus, et ce, dès les premières semaines qui suivent la fécondation. Les immenses progrès dans le domaine de l'imagerie médicale permettent désormais, par l'échographie 3D et même 4D, d'apprécier toute l'anatomie fœtale.

Actuellement, l'échographie fait partie intégrante du suivi obstétrical de la femme, avec trois examens recommandés aux 1er, 2e et 3e trimestres. Ils constituent des moments privilégiés pour le couple, qui prend pleinement conscience de la grossesse en mettant des images sur un phénomène considéré comme « magique ». La possibilité, dès le 1er mois de grossesse, de pouvoir à la fois voir et écouter les battements cardiaques fœtaux constitue toujours un rendez-vous rempli d'émotion avec son futur enfant.

L'échographie offre la possibilité de diagnostiquer le sexe de l'enfant. Pour certains couples, l'échographie se réduit même à ce seul diagnostic : « fille ou garçon ». Et il n'est pas rare de voir de futurs parents déçus à l'idée de savoir qu'ils attendent finalement un enfant de sexe différent de ce qu'ils désiraient.

Mais l'échographie a pour objectif principal de dépister des anomalies morphologiques ou fonctionnelles qui pourraient conduire à une prise en charge dans le cadre du diagnostic *anténatal*. La gravité des atteintes et/ou du diagnostic final peut conduire au maximum à une proposition d'interruption médicale de grossesse. De fait, ce moment de bonheur supposé peut devenir une véritable épreuve. Il est d'ailleurs important de garder à l'esprit qu'en raison d'antécédents obstétricaux difficiles, l'échographie peut aussi être vécue comme douloureuse et génératrice de stress.

En fin de grossesse, l'échographie permet l'estimation du poids et du bien-être fœtal, dont l'évaluation peut influer sur la décision de la date et de la voie d'accouchement naturel ou par césarienne*.

En dépit des nombreux progrès, l'examen échographique obstétrical garde certaines limites. Il est dépendant de celui qui l'effectue et n'aura pas la même prédictibilité selon la personne qui aura réalisé l'examen. D'autre part, il méconnaît encore, quelles que soient l'expérience et la dextérité de l'échographiste, un certain nombre d'anomalies.

Depuis quelques années, on assiste à une dérive commerciale de l'utilisation de l'échographie obstétricale. Certaines sociétés proposent la réalisation d'échographies « spectacles », sans objectif de dépistage, afin « simplement » de pouvoir admirer avec un certain nombre de proches l'évolution du fœtus au sein de l'utérus.

ENCEINTE

Contrairement à sa version anglaise qui est : « pregnant », un mot dont la sonorité même exprime le sens, contrairement au physiologique « grosse », qui fait des femmes des femelles, le mot enceinte est d'abord un euphémisme.

L'enceinte, c'est ce qui entoure. L'enceinte est un mur qui court autour de la ville pour la protéger. L'enceinte est écorce et fortification.

La femme enceinte entoure le petit être à venir de la paroi de son corps. Elle l'entoure d'ailleurs aussi de son esprit. Car l'enceinte n'est rien, et le fœtus est tout.

The pregnant woman est une reine.

La femme grosse est une bête.

La personne enceinte est un cerceau. Et son état se dit en sifflant entre ses dents : enceinte.

Enceinte, je fus heureuse de l'être et consacrée au bébé à venir. Je mangeais pour elle, comme on alimente une usine en énergie. Ce n'était plus une bouchée pour maman ni pour papa, mais une bouchée pour l'enfant. Ô combien de kilos de clémentines que je n'aimais guère, ai-je avalé pour subvenir aux besoins en vitamine de mon bébé. Qui, jamais, devenue libre et consciente, ne voulut en manger une seule. Ce qui semblerait indiquer que, dans ce domaine comme dans d'autres, le volontarisme et l'excès de rationalité sont mauvais conseillers.

Enceinte, je me crus en sainte. Je me tenais plus droite que jamais. Et très sage.

Je refusai dorénavant certaines substances nocives.

Adieu boubous, adieux foulards, adieu toutes les drogues.

Je mesurai mes pas, organisai ma vie en fonction de ma locataire. Princesse à la tour, ce bébé-fille devait sentir combien l'enceinte la protégeait.

Je ne partis pas en voyage et cessai le rock acrobatique et les tournois de poker.

Je pense aujourd'hui que c'était une erreur.

J'étais pourtant heureuse comme jamais, sans doute par la grâce des hormones que je fabriquais.

J'étais heureuse comme jamais, car je me sentais enfin utile. Nouvel anneau de l'immense chaîne, je me sentais vouée.

Il n'y a vraiment pas de quoi se vanter.

Mais c'est la vérité.

FAIRE FAMILLE

En se séparant à peu près à l'amiable, Pierre et Julia décident tout naturellement que leur petit Arthur âgé de 3 ans résidera principalement chez son père : son métier de graphiste lui permet un travail à domicile et une certaine souplesse d'emploi du temps, alors que la maman, grand reporter, est amenée à parcourir le monde au gré de l'actualité internationale.

Bien plus tragique est la rupture de Marie* et Nathalie, et la bagarre autour de leur petite Joséphine née 5 ans auparavant d'une procréation médicalement assistée avec donneur anonyme. Marie, qui a porté l'enfant, est la mère légale. Elle entend bien profiter de ce privilège pour prendre les dispositions nécessaires quant à la garde de la petite fille. Nathalie devra, non sans une grande souffrance, se contenter d'un week-end sur deux et d'une petite partie des vacances…

Lorsque Pierre et Marie tombent irrésistiblement amoureux l'un de l'autre, ils recomposent allégrement une famille cimentée par la passion fraternelle qui unit très rapidement Joséphine et Arthur. Dans un conte de fées que l'on raconterait à l'envers, « mon petit frère chéri » et « ma grande sœur adorée » fondent une famille dans laquelle ils seront heureux et auront beaucoup de parents.

Faire famille aujourd'hui raconte une épopée dont la narration s'éloigne bien souvent de la splendeur généalogique. Durant des siècles, définir son origine revenait à nommer sa filiation* : être fils ou fille de… Mais cette appartenance ne suffit plus à inscrire l'enfant dans une histoire.

Une vision historique ou psychanalytique de la famille va privilégier l'étude verticale des générations et insister sur les continuités ou les distorsions entre les parents et les enfants et sur les processus de transmission* d'une génération à l'autre : transmission des savoirs, des attitudes, des rituels, des cultures mais aussi d'une histoire fortement marquée par les mythes, les secrets, les refoulements. Sur cet axe vertical, l'enfant est issu du désir de ses parents, pas seulement d'un acte sexuel érigé au rang de scène primitive ou de leur « désir d'enfant* » comme il est coutume de le magnifier aujourd'hui avec une connotation de prolongation narcissique, mais de leur désir de transmettre la vie, c'est-à-dire la culture. Une seconde vision, plus sociologique, plus systémique, accompagne la première et se concentre sur une description horizontale, structurale ou comparative des relations et des alliances.

La famille verticale est holiste, hiérarchique, autoritaire, transcendante ; elle promeut la parenté, la généalogie, le Nom du Père et la filiation. Elle est « toujours déjà là », et les affects naissent de la reconnaissance des liens. La famille horizontale est individualiste, démocratique, auto-organisée, immanente ; elle instaure la parentalité, le foyer, les rôles parentaux et l'affiliation. Elle se transforme en permanence selon les affects et les affinités électives.

Toute famille évolue à la croisée de ces deux axes, et rien ne sert d'en privilégier l'un plutôt que l'autre dans ce qui forge nos identités. Entre filiation et affiliation, les liens sont donnés mais toujours à créer, à retisser, à réinventer. Seule la narration sur les origines, sans cesse renouvelée, sans cesse remise en chantier dans un plaisir partagé, permet de conjuguer une verticalité et une horizontalité qui forgent ensemble notre équilibre. Le travail sur l'origine interroge toujours un désir qui transcende la volonté d'un ou de plusieurs parent(s) de « faire un enfant ». Mais le processus de transmission des parents aux enfants ne se déploie pas seulement dans une verticalité imprégnée par les legs transgénérationnels qui assignent une place à l'enfant. Parents et enfants produisent du lien. Une qualité première de l'intersubjectivité tient à cette dimension imprévisible de « l'entre-deux » qui permet l'élaboration du « devenir sujet » tout en transformant le lien, à la fois dans la production et dans la répétition. En ce sens, le lien parent/enfant est toujours un lien d'adoption*. Pour les parents, il s'agit de recueillir, investir, désirer un autre qui est attendu, accueilli, hébergé, un enfant qui à son tour va les reconnaître et les « adopter » comme parents.

Fête des mères

> Paris, le 30 mars 1943
>
> Ma chère maman
> Je suis bien contente de te souhaiter ta fête.
> Depuis que j'existe, tu fais tout pour me rendre heureuse.
> Je te promets d'être sage à l'école et de bien travailler.
> Je t'embrasse de tout mon cœur.
> F… (8 ans)[1].

Coquillages colorés, colliers de pâtes, poteries maladroites, assiettes décorées, cœurs en pâtisseries…, quel enfant n'a pas fébrilement fabriqué de tels cadeaux à l'école, puis les a offerts le jour de la *fête des Mères* à la sienne avec une dédicace touchante.

On croit souvent en France, à tort, que l'instauration de cette fête est récente pour autant que, pendant la Seconde Guerre mondiale, elle fut particulièrement amplifiée et magnifiée par le gouvernement d'alors, aux fins de glorifier le sacrifice des mères restées seules au foyer pour élever leurs enfants et les encourager aussi à travailler pour soutenir l'effort de guerre. Ce jour était en quelque sorte la récompense des mères méritantes.

La pratique de fêter les mères est ancienne. Celles-ci ne sont-elles pas, partout et toujours, à l'origine de nos mondes mythiques, symboliques ou réels ? Dans la Grèce antique, des cérémonies particulières étaient dédiées à Cybèle, mère de tous les dieux, à Rome, on célébrait les mères de famille lors des *Matronalia.*

1. Archive personnelle.

Développée aux États-Unis, au début du XXe siècle, la *fête des Mères* est devenue un modèle sur lequel se calque notre propre célébration en Europe. C'est la mère aimante, présente, toujours jeune et belle, que l'enfant fête, année après année, celle sur qui, pour son enfant, le temps qui ride, plisse et file, n'a pas prise.

On peut critiquer l'aspect commercial et consumériste que revêt la *fête des Mères* aujourd'hui, il n'en demeure pas moins qu'elle reste un jour où l'enfant et celui qu'on demeure toujours peuvent exprimer en cadeaux l'affection portée à « la » mère.

Ainsi, de grand-mère en mère, cette tradition de présent offert d'une génération à l'autre prend place dans la transmission*. Convié dans l'archaïque, un lieu d'où l'on vient tous, le cadeau offert viendrait reconnaître symboliquement un dû envers ce qui est inestimable, une dette de vie.

Filiation

La filiation est un lien purement social. Elle désigne le groupe (la famille) auquel l'enfant est rattaché par sa naissance ou par l'adoption*, constitué de lignées dans nos sociétés européennes, de lignages (avec souvent une implantation géographique visible) sous d'autres règles de filiation que la nôtre. Le système européen est dit « cognatique » ou « indifférencié », la filiation y est reconnue dans toutes les lignes grand-parentales et au-delà. Il en va autrement dans des régimes de filiation unilinéaire, une seule ligne est reconnue comme transmettant la filiation. En régime patrilinéaire, les filles ne transmettent pas la filiation, et tous les individus du lignage, de l'un et l'autre sexe, sont reliés entre eux par des chaînes exclusivement masculines. Dans un régime matrilinéaire, les garçons ne transmettent pas la filiation, et les individus de l'un et l'autre sexe d'un matrilignage ne sont reliés entre eux que par des chaînes de femmes. Il existe d'autres modes structurels de filiation sociale (bilinéaire, parallèle, croisée), mais ils sont très rares dans le monde. Que la filiation désigne un lien d'appartenance sociale apparaît clairement dans l'usage de l'adoption plénière qui confère à l'enfant adopté les mêmes droits et prérogatives qu'à l'enfant naturel.

La filiation est conférée selon plusieurs critères reconnus par le droit : la filiation naturelle ou légitime (par mariage), la volonté (la reconnaissance d'un enfant après sa naissance), la possession d'état (un individu est réputé être l'enfant de deux autres depuis une certaine durée) et enfin le critère de vérité biologique ou génétique, introduit en 1982 et opposable aux trois autres. Elle est conférée également par l'adoption plénière. Pendant longtemps, en France, le droit à la filiation n'était pas reconnu pour les enfants dits naturels ou adultérins. Il était exclusivement réservé aux enfants nés de l'union légitime par mariage, avec les ajouts de la reconnaissance et de la possession d'état, sans compter la possibilité de l'adoption plénière depuis le Code Napoléon.

Un enfant est donc affilié dès sa naissance à une famille ou à un lignage où il occupe une position (d'aîné ou de cadet, par exemple…), bénéficie de droits (entretien, héritage, succession…) et a des devoirs (obéissance, solidarité, entretien mutuel, prise en charge des parents âgés…).

C'est une erreur de parler de « filiation biologique ». Cette confusion est née de l'importance prise dans les dernières décennies par la « vérité génétique ». Trois notions coexistent et doivent être considérées séparément : la filiation sociale, la vérité génétique et la parentalité, cet investissement affectif et éducatif d'adultes à l'égard d'enfants, qu'ils les aient réellement procréés ou non.

À l'heure actuelle, compte tenu des progrès de la génétique et des techniques artificielles de procréation, notre espace mental est saturé d'objurgations contradictoires. La première est la revendication de la vérité génétique surpassant toutes les autres. On veut avoir un enfant issu de ses propres gènes. Cette revendication, considérée presque comme l'expression d'une norme, aboutit à une inflation de l'usage des tests ADN, de la part d'hommes qui veulent s'assurer de leur réelle paternité, entendue au sens de la vérité génétique. La seconde est au contraire la possibilité du recours à des gamètes étrangers pour avoir des enfants socialement reconnus comme siens, envers lesquels les demandeurs exerceront la parentalité et donneront accès à la filiation sociale.

Ces deux revendications ne peuvent être que conflictuelles ou à l'origine de compromis non souhaitables éthiquement. Citons ces couples ayant affaire à une « mère porteuse » dans un pays étranger, avec insémination par le sperme du conjoint du couple demandeur, couples qui récusent l'enfant s'il ne leur paraît pas conforme à leurs espérances. On joue sur deux tableaux, car le critère de vérité génétique, avancé en proclamant que l'insémination par le sperme du mari donne au couple l'assurance a moins d'une demi-vérité génétique, ne compte plus au moment de la récusation d'un enfant qu'on refuse de reconnaître comme sien en lui donnant la filiation sociale escomptée au départ et les attentions attendues de l'exercice de la parentalité.

Il est possible de jouer sur ces trois registres, on le voit, et cela se fait généralement pour de mauvaises raisons qui tiennent à l'égoïsme et à la volonté du moment, et ont rarement pour but le bien de l'enfant. Cela est contraire à l'esprit du droit qui, en définitive, par la filiation socialement reconnue protège l'individu dès sa naissance en lui conférant une place unique, qui lui est due et dévolue.

FILLE-MÈRE

Dans l'Occident chrétien, la société est fondée sur le mariage, la mère et son enfant, pour être légitimes et acceptés par le père qui leur transmet son nom, doivent donc s'inscrire dans cette institution. Jusqu'à la fin du XVIe siècle cependant, les sociétés d'Europe furent peu hostiles aux mères non mariées et aux enfants naturels fruits de ces liaisons illégitimes. En sorte que la plupart des familles tant aristocratiques que roturières étaient nanties d'une parenté certes illégitime qui n'avait ni les mêmes droits ni les mêmes devoirs que la parenté légitime, mais n'était pas pour autant socialement ou familialement ostracisée. Ce ne sera plus le cas dès le XVIe siècle avec la mise en place de la Contre-Réforme catholique. Dès lors, toute naissance hors mariage est considérée comme illégitime et la coupable – toujours la femme naturellement – si humiliée, si délaissée par tous que certaines sont poussées à dissimuler « leur » faute en abandonnant ou en supprimant leur enfant. Si cette *fille-mère* décide, malgré l'opprobre qui la stigmatise, de garder son bébé, celui-ci conçu hors mariage est considéré comme mal né. Lui aussi est marqué d'indignité, maltraité et meurtri : c'est un « bâtard », un « champi », un « poussin de haies », un de ces « enfants de fille » auxquels on trouve difficilement des parrains, dont le baptême* a lieu subrepticement à l'église, n'est pas carillonné et reçoit souvent en guise de patronyme un nom de hasard à connotation dérisoire ou un matronyme – constitué par le prénom usuel de sa mère –, aussi son illégitimité est-elle à jamais inscrite au long de sa vie et celle de sa descendance.

Actuellement, de telles (dis)qualifications ont disparu : les « filles-mères » s'affichent fièrement comme « mères célibataires », et leurs enfants ne sont plus frappés du sceau de l'illégitimité puisque ce type de filiation* a été supprimé de notre Code civil.

Gestation pour autrui

Sur nos chaînes de télévision nationales, deux reportages se télescopent. Le premier, tourné au Canada, est bouleversant. Un couple tremblant d'émotion assiste à un accouchement. La femme qui enfante a les cheveux longs et blonds, l'homme et sa compagne arborent une chevelure noire et bouclée. La délivrance se déroule comme dans un conte, le bébé pousse un léger vagissement, et immédiatement, semble sourire. La sage-femme le pose sur le ventre* de la femme blonde qui l'embrasse et le tend à la femme brune qui fond en larmes en serrant l'enfant dans ses bras, tandis que son compagnon, en larmes lui aussi, la presse tendrement contre lui. Interviewée quelques jours plus tard, la femme blonde dira que ce jour a été le plus beau de sa vie, qu'elle a éprouvé le bonheur inouï de permettre à cette autre femme, devenue son amie, d'accéder à la maternité. Elle s'est, dit-elle, sentie « devenir immense » d'accomplir un acte qui donnait encore plus de sens à son existence.

L'autre reportage est tourné en Inde. Dans une ville baptisée « capitale du ventre », une quarantaine de femmes proches du terme sont hébergées dans une usine à bébés où, pour la somme de 3 000 €, elles portent des enfants, souvent des jumeaux, pour de futurs parents de tous les pays du monde. Un commerce en pleine expansion dans un pays où des millions de femmes vivent en dessous du seuil de la pauvreté. Si la plupart racontent comment elles ont pu acheter une maison et nourrir leur famille, certaines mères éphémères évoquent les difficultés de la grossesse et les problèmes médicaux, d'autres traînent un insupportable baby blues* en évoquant ce bébé inconnu, escamoté dans les secondes qui ont suivi l'accouchement.

Au même moment, des intellectuels français s'admonestent à coups de pétitions « pour » ou « contre » la gestation pour autrui. « Authentique pratique altruiste » pour les uns, elle est pour les autres « la plus choquante des extensions du domaine contemporain de l'aliénation ».

Il est faux de prétendre que la GPA est toujours un esclavage moderne. Il existe des « GPA éthiques », qui sont des aventures humaines merveilleuses et des dons extraordinairement valorisants pour la gestatrice. Mais il faut des lois et des conventions afin de protéger dans toutes les éventualités les droits de chacun des protagonistes, à commencer par ceux de la gestatrice et ceux des futurs enfants.

Cela suppose de partir d'une question simple : à quelle condition une GPA peut-elle être très valorisante pour la gestatrice ? À quelle condition est-ce une belle histoire à raconter, plus tard, aux enfants qui en sont nés ? Nous avons ici mille leçons à tirer de l'expérience américaine ou canadienne, très riche. Il est temps d'en finir avec un débat pour/contre complètement ignorant des expériences vécues, car il mélange tout. Confondre la GPA éthique et le trafic de ventres, c'est un peu comme si on confondait l'adoption* internationale éthique et le trafic d'enfants !

GOOD ENOUGH MOTHER

C'est le psychanalyste et pédiatre anglais Winnicott qui a l'idée de cette mère suffisamment bonne, celle qu'il appelle aussi « la mère dévouée ordinaire ou normale ». Mais qu'est-ce qui définit cette mère ? C'est déjà un paradoxe de chercher à le faire puisque Winnicott lui-même a trouvé ce terme pour déculpabiliser les mères et surtout les encourager à ne pas trop suivre les conseils des experts en tout genre, des livres, et même de leur propre mère, mais au contraire de faire confiance à ce qu'elles sont dans la rencontre de leur nourrisson.

Une mère est donc meilleure si elle ne cherche pas à être parfaite. Non seulement Winnicott rassure les mères face à leur manquement inéluctable, mais il développe l'idée que « trop » peut être mauvais. Trop d'excitation, trop de présence, trop d'intrusion. La « mère suffisamment bonne » est celle qui laisse la place à sa propre imperfection, permettant au bébé de développer ses ressources internes en lieu et place de ce que la mère ne lui donne pas. Mais cette relation est faite d'un accordage fin entre les besoins de l'enfant et les frustrations imposées par la mère. Pas assez, et il sera carencé, trop et il restera dans la passivité psychique, dépendant de sa mère et soumis aux aléas de ses propres mouvements pulsionnels, qui s'avèrent tyranniques s'il ne sait les réguler.

Selon le moment de la vie de l'enfant, cette mère sera différente. Pour un nouveau-né, la mère doit être totalement disponible dans une relation symbiotique où elle s'identifie entièrement à son enfant et à ses besoins. C'est la « préoccupation maternelle primaire* », phase transitoire (que le psychanalyste anglais va jusqu'à considérer comme une maladie) où toute l'énergie de la mère est dévolue à son enfant. Ceci permet à ce dernier de ressentir un « sentiment continu d'exister » et l'aide donc à développer son moi (heureusement cela ne dure que quelques semaines).

La mère offre donc un environnement propice à l'enfant pour que celui-ci se développe. Quoi de pire qu'une mère parfaite ! On ne peut rien lui reprocher… Comment alors s'en détacher et se construire ?

Grand-mère

« Le visage de ma mère, ses mains, son contact et sa voix ont résonné en moi toute ma vie et sont devenus les éléments d'un legs que j'ai apporté à ma fille, un héritage, qui est comme une musique dans mon corps, un savoir tacite donné et reçu au fil du temps. En cela, j'ai eu de la chance. Il n'y a guère de dissonance dans cette mélodie transmise d'une femme à la suivante. »

Siri Hustvedt, *Vivre, Penser, Regarder*, Actes Sud, 2012, p. 108.

Qui n'a pas ressenti la continuité entre les générations dans les familles et plus particulièrement celle qui s'instaure souvent entre grands-parents et petits-enfants. Surtout quand – ce qui est courant – entre ces générations alternes, on reçoit le même prénom, si bien que l'aïeul(e), par le jeu de la nomination, ressuscite dans son petit-enfant, censé alors prolonger la lignée et en garder la mémoire. Aussi est-il délicat de parler des grands-mères sans parler des grands-pères. Cependant, pour les garçons comme pour les filles, la mère est au commencement de toute vie tant biologique, qu'affective ou nutritive, aussi est-il important d'insister sur cette filiation* maternelle. D'autant que la psychanalyse et la littérature (complexe d'Œdipe contre complexe d'Électre, patrimoine et jamais matrimoine...) célèbrent plus souvent le grand-père que la grand-mère. Pour trouver celle-ci, il faut se tourner vers les contes et les histoires populaires où *babouchki* russes, gardiennes de la paix familiale et sociale, dialoguent d'un continent à l'autre avec toutes ces autres grands-mères nanties d'autres noms certes, mais toujours affectueuses, astucieuses, protectrices.

Actuellement, dans nos sociétés industrieuses et populeuses, avec l'allongement de la vie et la professionnalisation des mères, les grands-mères revendiquent leur pleine place auprès des enfants de leurs enfants. Médiatrices, passeuses, mémorialistes, elles entendent tenir auprès d'eux un rôle plein et entier, et découvrir ainsi une autre phase de la (grand-) maternité.

Grossesse sans surveillance, grossesse médicalisée

Pour les médecins et les sages-femmes, leur médicalisation est le meilleur moyen de prévenir les complications de la grossesse et de l'accouchement. Bien sûr des millions de grossesses se font dans le monde sans surveillance médicale, mais au prix de risques importants. Les chiffres doivent faire réfléchir. Selon l'Organisation mondiale de la santé, 287 000 femmes sont décédées dans le monde en 2010 pendant ou après la grossesse ou l'accouchement. La majeure partie de ces décès s'est produite dans des pays à revenus faibles, et la plupart auraient pu être évités.

Dans les pays développés, la grossesse et l'accouchement sont médicalisés, voire hypermédicalisés. Le suivi médical s'attache à détecter les pathologies de la mère et celles de l'enfant. Les complications de la grossesse peuvent aboutir à des catastrophes tant pour la mère que pour le fœtus. La grossesse est un bouleversement physiologique intense qui peut entraîner des pathologies graves. Chez la mère, les problèmes de tension artérielle et de diabète se placent au premier plan et peuvent avoir des conséquences pour la mère comme pour l'enfant. Chez l'enfant, on s'attache à dépister les malformations et les troubles de la croissance fœtale.

En France, le suivi de la grossesse fait l'objet d'une forte implication de l'État avec décrets et réglementation. Pour bénéficier d'une prise en charge par la Sécurité sociale, le suivi de la grossesse doit suivre certains examens et consultations obligatoires.

Au bout de la grossesse, l'accouchement est aussi médicalisé.

Le refus de cette médicalisation est mis en avant par certaines femmes. Pour certains mouvements, en particulier féministes, l'hypermédicalisation met la femme enceinte* dans une position passive et l'empêche de vivre l'accouchement en pleine responsabilité, d'où les nombreuses expériences d'accouchement hors milieu médical.

La médicalisation de la grossesse aurait une connotation péjorative et renvoie au « malentendu » entre le corps médical et les patientes qui n'entendraient rien de ce que dit l'autre et *vice versa*. Même si l'accouchement peut se passer bien en dehors de toute surveillance médicale, les complications, même si elles sont rares, peuvent être dramatiques. *A contrario*, l'hypermédicalisation peut contrarier le vécu de cet événement qui, pendant des décennies, se déroulait à la maison.

Des expériences tentent de concilier les deux attitudes, c'est le cas des « maisons de naissances » qui permettent aux femmes d'accoucher sans médicalisation excessive, mais à proximité d'une structure pouvant prendre en charge les complications même en urgence. C'est probablement la voie de la raison.

Gynécologue-obstétricien

Aujourd'hui, interlocuteur privilégié, le gynécologue est présent et requis dans la vie intime des femmes.

Quoi de plus naturel que vouloir programmer les naissances, faire surveiller ses grossesses, prévenir une tumeur, guérir une infection, avoir un suivi gynécologique.

Dans l'Occident, du Moyen Âge à la Révolution, la grossesse, l'accouchement est une affaire qui se réglait entre femmes, sans homme médecin. L'accouchement était effectué par des matrones et plus tard par des sages-femmes[1], entourées des suivantes, voisines, sœurs de la parturiente qui viennent aider et accompagner.

Malgré cet univers exclusivement féminin, c'est la permanence du discours masculin qui marque les idées sur la maternité ou sur la femme.

L'interdit masculin du regard porté sur le sexe féminin perdure jusqu'à la fin du XVIIe siècle. En 1708, un médecin, Philippe Héquet, fait paraître *De l'indécence aux hommes d'accoucher les femmes* insistant sur la pudeur, et sur la protection de la vertu des femmes et de la jalousie des maris. Néanmoins, peu à peu les chirurgiens, praticiens de moindre dignité que les médecins, commencent à s'occuper des mères[2].

C'est dans le courant du XVIIIe siècle que l'accoucheur commence à être admis dans les milieux favorisés. Il prend vraiment sa place malgré les réticences qui viennent des maris, des parturientes mais aussi des sages-femmes. Le docteur Jean-Louis Baudeloque (1745-1810) fit ainsi de l'obstétrique une discipline scientifique et pratiqua les premières césariennes*.

Aujourd'hui, gynécologues-obstétriciens sont réclamés pour leur compétence, auréolés de prestige, mais aussi appréciés comme possesseurs de technologies de pointe… « Il occupe une position stratégique dans la société

1. Certaines restées célèbres comme Louise Bourgeois (1563-1636) ou Angélique Du Coudray (1712-1790).
2. Y. Knibiehler, C. Fouquet, *L'Histoire des mères du Moyen Âge à nos jours*, Éditions Montalba, 1980.

hédoniste… expert et démiurge, Merlin l'enfanteur demeure le grand artificier du futur[1]. »

Il reste pour ses patientes, celui qui les rassure parfois seulement par un geste, il suffit qu'il entre dans la salle d'accouchement pour qu'enfin elles mettent au monde en toute sécurité. Infiniment curieux des premiers mystères de la vie et de la magie de la naissance. Il est un témoin de leur passage de fille* à mère. Un homme de passage[2].

HAPTONOMIE

« Science de l'affectivité » découverte et développée par Frans Veldman, l'haptonomie permet de « communiquer tactilement » avec le futur bébé. Cette science humaine tire ses bases des théories du « toucher en prolongement » qui stipulent que l'entrée en contact physique entre deux personnes s'associe à un sentiment de détente, d'apaisement, de confiance.

L'haptonomie a pour objectif de répondre aux besoins des futures mères et pères et de l'enfant, en les aidant à se rencontrer, se connaître, et à communiquer affectivement entre eux dans une situation de sécurité, bien-être, confort et affection. Ainsi, dans le contexte actuel d'une prise en charge médicalisée autour de la naissance, l'haptonomie vise à personnaliser l'accompagnement périnatal en permettant une maturation de la relation triangulaire affective. Elle aide au développement du sentiment de parentalité et constitue une préparation à l'accueil de l'enfant en faisant prendre conscience aux parents de la qualité de leur contact et de leur engagement affectif, tout en créant une sécurité de base, essentielle à l'épanouissement de l'enfant. Par ailleurs, la pratique de l'haptonomie pourrait permettre de réduire les douleurs ressenties lors des contractions utérines au moment de l'accouchement.

L'accompagnement haptonomique, contrairement aux autres types de préparation à la naissance qui profitent

1. M. Dagnaud et D. Mehl, *Merlin l'enfanteur*, Éditions Ramsay, 1987.
2. R. Frydman, *Lettre à une mère*, L'Iconoclaste, 2003.

des effets de groupe, se déroule dans l'intimité du couple, prenant comme appui la singularité de chaque histoire. Il fait appel à un jeu de mains, encadré par un praticien, une sage-femme ou un gynécologue-obstétricien*. La femme enceinte* et son conjoint se verront proposer d'exercer de légères pressions sur le ventre* maternel, pour « inviter » le fœtus à répondre. Parallèlement, des mots peuvent être adressés au futur bébé.

L'haptonomie débute dès le ressenti par la mère des premiers mouvements actifs fœtaux (3e-4e mois) et s'achèvera après l'accouchement. Elle s'effectue sur une plus longue durée qu'une préparation à la naissance « classique » et peut se poursuivre après l'accouchement.

Des séances peuvent parfois être conseillées quelques semaines après la naissance, afin de favoriser l'harmonie entre la vie *in utero* et la nouvelle vie du bébé.

Heureux événement

J'errais un peu dans les allées du Super U, en quête d'un brumisateur, bon sang, ce qu'il faisait chaud. Devant le rayon des cosmétiques, j'hésitais : allais-je choisir la marque Évian ou la marque U ? Aucune différence sans doute, hormis le prix, mais ma main s'est tendue vers Évian comme vers le garant de la qualité de l'eau qui pénétrerait ma peau et rafraîchirait l'enfant que je portais en moi.

Je n'attendais pas de passer à la caisse pour m'asperger le visage, les bras, la gorge et mes jambes déformées par les varices qu'avait fait surgir mon état de femme enceinte*.

C'est au moment où je m'apprêtais à jeter la bombe dans le Caddy que je la vis. Elle ne me regardait pas ; elle regardait mon ventre*. Immédiatement, je m'éloignai car son regard étrange me mettait mal à l'aise, et j'ose dire que je craignais qu'il atteigne l'enfant, le dérange dans la quiétude que j'imaginais pour lui.

– Vous attendez un heureux événement ?

Je me suis retournée. La voix était traînante, désagréable, dissonante.

– Je vous demande pardon ?

J'aurais dû filer et rejoindre les caisses, mais je ne l'ai pas fait. Je suis restée là, en attente d'une réponse que je ne voulais pas entendre.

– Ben oui, dit-elle en désignant mon ventre de son menton pointu et piqué d'une verrue dont émergeait un poil.

Je hochai la tête. Oui, j'attendais un heureux événement. Événement, bien sûr, heureux, évidemment. Alors pourquoi me suis-je sentie mal au moment même où j'acquiesçai devant le regard goulu de cette femme qui n'avait pas de Caddy, pas de paquets dans les bras, et qui semblait posée dans l'allée du supermarché pour me lancer un défi. Un défi ? Qu'allais-je imaginer. Il suffisait de tourner le dos à cette vieille folle pour retrouver mon souffle, ma joie, ma liberté.

Mon souffle, ma joie, ma liberté ?

Homoparentalité

Pour un psychanalyste, l'accueil des familles dites « homoparentales » est un véritable travail de création. Si l'on considère toutes les formes possibles de techniques de plus en plus sophistiquées de fécondation *in vitro* (donneur anonyme ou connu, jouant un rôle actif ou non impliqué, apparenté ou non apparenté, diffraction entre mère génétique, mère de gestation, mère sociale), si l'on considère l'augmentation vertigineuse des recompositions familiales et l'accroissement des situations d'adoption* internationale, on voit surgir une foule d'histoires, de romans, de mythes familiaux.

Bien des familles abordent par exemple les problèmes posés par le processus de néantisation du parent donneur de gamètes. Un donneur, même anonyme, est une personne animée par une histoire et une intention. Comment créer un espace triangulé composé du parent, de l'enfant et du donneur ? Il s'agit bien de pouvoir créer un parent entier qui puisse s'opposer à un parent partiel, le déconstruire dans la réalité psychique de la famille pour permettre à l'enfant de le reconstruire dans son monde imaginaire.

Toutes les nouvelles configurations familiales amènent inévitablement à reconsidérer les fantasmes de scène primitive et de conception qui ne sont plus une seule et même chose. La reconnaissance des nouvelles donnes de la reproduction exige pour de nombreux enfants une mise à l'épreuve de la réalité qui distingue la fécondation des fantasmes liés à la procréation et au désir d'un ou plusieurs parent(s) d'engendrer un enfant. L'engendrement est en effet un acte social et symbolique qui consiste, en instituant la différence des générations, à transmettre à un enfant une histoire et une culture. L'engendrement n'est pas l'accouplement, et l'enfant, dans ces contextes de diffraction de la parenté sociale et de la parenté biologique, comme dans tout autre contexte de pluriparentalité, sait parfaitement se débrouiller pour élaborer un roman des origines qui inclut tous les personnages de son histoire.

La pulsion de transmission* anime tous les humains. Elle transcende l'orientation sexuelle des uns et des autres. Dès lors qu'il est réalisable, le désir* d'enfant taraude la plupart des personnes homosexuelles, que ce soit pour l'affirmer ou pour l'infirmer. Des milliers d'enfants ont déjà été conçus dans des contextes homoparentaux, et ils seront de plus en plus nombreux dans les années à venir.

Le plus important est que l'on puisse raconter à ces enfants une histoire « juste » de ce qui a présidé à leur venue au monde, histoire qu'ils pourront inlassablement se raconter à eux-mêmes, transformer à leur guise en interpellant quand ils le peuvent tous les protagonistes du récit. L'origine ne fait sens que par les questions qu'elle pose et par la parole qu'elle fait circuler autour de son mystère. Elle est toujours à créer, elle se trame dans un conte à jamais inachevé que la famille se raconte inlassablement. Le seul « intérêt supérieur » de l'enfant réside dans une définition stable de sa filiation*, définition reconnue par la société dans laquelle il vit.

En se référant à des lois symboliques transcendantes qui institueraient tout à la fois le social et les psychismes des membres de la société, bien des psychanalystes font comme si les éléments de leur théorisation n'avaient pas vu le jour dans une société donnée et dans un moment historique qui les conditionne et qu'à leur tour ils influencent. Le symbolique englobe des cadres rituels, juridiques, signifiants qui sont appelés en permanence à être retravaillés, à se modifier ou à mourir. À partir d'agencements instables, de bricolages (*odds and ends*, disait Claude Lévi-Strauss) se composent dans toutes les sociétés des mythes, une culture, un « ordre » qu'on voudrait immuable et éternellement universel. Mais nous ne retrouvons dans cet agencement symbolique que ce que nous y mettons. Que voulons-nous y mettre ? Voulons-nous continuer à considérer les personnes homosexuelles comme des citoyens de seconde zone, les cantonner encore et encore à un destin d'« être pour la mort » auquel ils finissent par s'identifier ? Pouvons-nous raisonnablement considérer que l'intérêt supérieur de l'enfant consiste à lui refuser la reconnaissance juridique des parents qui l'ont désiré et qui l'entourent de leur protection et de leur amour ? Ce sont les questions qui se posent aujourd'hui au cœur du débat sur l'homoparentalité.

Infanticide

Il y a l'homicide : on tue un homme ou une femme. (Pas de mot particulier pour « fémicide ».) C'est condamnable. Mais cela n'appelle pas de commentaire particulier. Il y a le parricide, mythologique et fondamental, dont l'archétype est Œdipe. Puni d'une double peine administrée par la justice des hommes et celle des dieux. Le matricide est peu usité. Rarement pratiqué ? À voir. Tu me fais mourir de chagrin, dit la mère. Mais personne ne la croit.

Il y a le meurtre des aïeux. On n'en parle guère, petit meurtre banal par omission.

Mais l'infanticide est le plus grand des crimes.

Est-ce parce qu'il est moralement plus grave de s'en prendre aux faibles ? Pas que je sache.

D'ailleurs l'infanticide commis par un homme qui tue en général femme et enfants, une moyenne de quatre personnes faibles et vulnérables, avant de se rater d'un coup de fusil de chasse mal envoyé, est banal et renvoyé le plus souvent à une démence, une dépression, un coup de mou du sujet. Les jurys comprennent.

En revanche, l'infanticide maternel, celui qui nous occupe dans un ouvrage consacré à la maternité est l'affaire suprême.

La mère infanticide est une bête sauvage. Les qualités naturelles d'une mère : amour, dévouement, oblativité, sur lesquelles la société compte fermement pour la continuation de l'espèce, la reconstitution de la force de travail d'une nation, et pour la réserve de chair à canon, doivent être absolument au-dessus de tout soupçon.

Une mère ne peut pas tuer son bébé.

C'est un axiome. Donc une assertion qui en cache une autre : méfions-nous, une mère peut tuer son bébé. Elle peut souhaiter sa mort.

Et alors plus personne n'est en sécurité.

Chacun de nous se projette dans le bébé qu'il fut. Confiant et tranquille, agitant ses doigts de pied potelés. Et voilà t'y pas que tu es tombé sur une mère infanticide. Peut-on imaginer pire situation.

Les jurés populaires et les juges d'assises sont eux aussi d'anciens bébés. Par conséquent, ils sont impitoyables pour les mères qui tuent leur petit.

Infertiles (Les)

Aujourd'hui, avec la pilule, les femmes croient pouvoir privilégier leur carrière avant de procréer : « un enfant si je veux, quand je veux ». Mais le temps passe et le corps vieillit. À 40 ans, il est souvent trop tard, et les consultations pour infertilité se multiplient.

Y a-t-il des aspects psychologiques de l'infertilité ? Absolument, mais étudiés après l'échec des tentatives de conception, ils peuvent n'en être que la conséquence. Tandis que s'engage l'escalade des traitements médicaux, la consultation avec un analyste révèle souvent un blocage.

On a pu évoquer une absence de désir* d'enfant, mais il s'agit plutôt d'une peur inconsciente de procréer. La femme craint d'être une mauvaise mère, projetant sur son enfant le conflit qu'elle retrouve avec sa propre mère et imagine que lui aussi agressera sa génitrice. Elle craint que la grossesse lui fasse perdre ses cheveux, ses dents, que les hormones provoquent des cancers dont elle pourrait mourir. Symétriquement, elle craint de détruire l'enfant, d'avorter, de l'écraser dans son sommeil.

Confrontée à l'échec de la maternité, la patiente revit son impuissance de fillette à avoir un enfant. La confrontation aux autres femmes exhibant leur ventre* gravide provoque une atteinte narcissique avec dépression et souffrance extrême. Elle accuse son corps. Le médecin veut la rassurer en affirmant : « Ce n'est rien, c'est psychique. » C'est à propos de ce « rien » que le psy est interpellé.

Prendre en compte le conflit intérieur améliore les chances de succès du traitement. Cela permet de retrouver la relation au père, souvent effacée par l'importance qu'occupe une mère trop présente qui n'a pas favorisé la triangulation œdipienne. Ce travail peut aussi éviter des traitements médicaux d'importance croissante : stimulation ovarienne, insémination artificielle, procréation médicalement assistée (PMA), voire quand le temps passe, nécessité d'un don d'ovocyte* qui, rompant la filiation*, pose encore de nouveaux problèmes. Depuis peu aussi, de nouveaux couples infertiles sont apparus avec l'homoparentalité*, qui invitent à d'autres questionnements.

Instinct maternel

L'instinct maternel, ça n'existe pas.

Anthropologues, philosophes, neurobiologistes, psychologues et psychanalystes nous l'affirment : l'amour maternel est une construction mentale et sociale. Et il ne faut pas confondre instinct maternel et amour maternel. Certes !

En psychanalyse, l'instinct dont la finalité est déterminée se distingue de la pulsion, laquelle a une poussée constante, des objets et buts variables et contingents, une satisfaction impossible. Cependant, Freud s'interroge sur certaines formations psychiques héréditaires chez l'humain qu'il nomme « fantasmes originaires ».

La sexualité humaine est donc pulsionnelle, tandis que la sexualité animale est soumise au rut et à l'*œstrus*. À la différence de la femme, une femelle animale ne peut être couverte que si elle est en chaleur.

Mais sommes-nous pour autant aussi séparés de l'animalité, si dénaturés ? La relation entre la procréation et la nécessité de protection est-elle si éloignée de l'instinct ?

Que penser de la mère qui reconnaît son bébé à l'odeur ou au son parmi une multitude de nouveau-nés ? Celle qui se réveille cinq minutes avant lui ? Celle qui travaille à 8 km et qui a une montée de lait, alors qu'un biberon est donné à son bébé ? Celle qui a des « tranchées », contractions utérines, lorsque sa fille accouche ?

Pour la petite chatte qui va chercher ses petits, un à un, dans un incendie, avant de tomber inanimée, brûlée au dernier degré, l'instinct maternel prend le pas sur l'instinct de survie. Quelle différence avec le sacrifice de la mère qui préfère son déchirement à celui de son enfant, lors du jugement de Salomon, sa mort à celle de son enfant ? Instinct ? Amour ? Existe-t-il une « pulsion d'attachement » ?

Pouvons-nous faire référence à ce mode d'identification primaire, orale, cannibalique, que Freud résume par la formule : « je suis le sein » ? Un vécu fusionnel, indifférencié, où dévorer et être dévoré, être la mère et l'enfant, être et avoir ne se distinguent pas ?

Si l'*Homo sapiens* est un mammifère, les comportements qui assurent la survie sont innés chez les animaux, alors que chez les femmes ils nécessitent une adaptation, un apprentissage. L'enfant de la nuit du ventre* n'est pas celui du jour de la réalité, qui doit être rencontré, apprivoisé, séduit mais aussi structuré par la « censure de l'amante », lorsque la mère reprend sa vie érotique.

Interdits et prescriptions

Grossesse et parturition sont des événements naturels, mais ils sont perçus par l'esprit comme des moments dangereux pour la vie des femmes et des enfants à naître. Ce sont donc des périodes accompagnées de nombreux interdits et prescriptions.

Ces impératifs ont partie liée avec les conceptions que se font les peuples de la substance corporelle, des humeurs du corps, de la procréation, des transferts de substance d'un corps à un autre, des qualités propres au sang (chaleur), des idées relatives aux passages entre les mondes cosmologique (intempéries), biologique et social. Il y a toujours à ces impératifs apparemment dénués de sens une explication logique, évidente dès qu'on s'efforce de comprendre les composantes d'une culture, surtout en ce qui touche l'identité de la personne.

Un ensemble très connu est celui de la couvade*. Sous sa forme européenne, en Pays basque surtout, c'est l'obligation faite au mari de jouer le rôle de l'accouchée : il s'alite, supporte les rituels de réchauffement, s'alimente de bouillies, reçoit les visites, tandis que l'accouchée vaque à ses occupations. En Amérique du Sud, les hommes supportent les interdits alimentaires post- et même parfois prépartum. De façon plus étonnante encore, en apparence, des frères et cousins doivent unir leurs forces pour supporter la couvade et parfois même participent activement à la fabrication du fœtus, ce qui implique que tout enfant est le fils du groupe agnatique des hommes qui l'ont façonné de leur substance identique et pour lequel ils ont supporté des privations afin de ne lui transmettre que des éléments bons à sa fragilité.

Ces impératifs et interdits sont toujours de nature sexuelle ou alimentaire.

Sexuels : ainsi, l'interdit d'avoir des rapports sexuels après le 7e mois de grossesse ou, celui, très fréquent, d'avoir des rapports avec l'épouse qui allaite. Mesure présentée comme malthusienne, ce qui est faux. Il s'agit d'une conception des humeurs qui voient le sperme et le lait comme de même nature, mais l'un, plus fort, gâche le goût et les qualités de l'autre, ce qui répugne à l'enfant. Cette représentation implique une image particulière du corps des femmes avec des canaux ouverts qui font transiter les humeurs du vagin aux seins, mais aussi à la bouche (la Pythie) ou même au crâne (imagerie de l'hystérie).

Alimentaires : on élimine tout ce qui est fort, épicé, échauffant. La culture est contre-productive, car c'est dans les moments où elles en ont le plus besoin (grossesse, allaitement*) que les femmes sont privées de protéines, graisses et sels minéraux. Dans le cas européen des « envies », il s'agit d'une envie jugée irrationnelle (des fraises en hiver), mais qu'il faut satisfaire au mieux pour éviter que l'envie déçue n'imprime sa marque sur le corps du bébé.

Se retrouve la même idée d'une régulation harmonieuse des apports pour le bien de l'enfant. Ces impératifs sont adéquats aux visions culturelles de la place du corps dans le monde, mais au-delà ils disent tous quelque chose d'essentiel sur les femmes : dans leur corps et dans leur personne identitaire, elles sont agies au lieu d'être agissantes dans leur propre intérêt.

Interruption volontaire de grossesse (IVG)

Les femmes, depuis toujours contraintes aux grossesses itératives non désirées, utilisaient clandestinement des manœuvres abortives multiples et périlleuses, risquant à chaque fois l'infection, la stérilité ou la mort.

Jusqu'au XXe siècle, l'avortement est un crime passible de la cour d'assises, la chasse aux « faiseuses d'anges » bat son plein et certaines sont arrêtées[1].

La maternité doit devenir une décision volontaire, l'idée est en marche, le combat des femmes ne s'arrêtera plus.

La création en 1960 du planning familial par Évelyne Sullérot et le docteur Marie-Andrée Lagroua-Weill-Hallé en 1960, puis la fondation du MLF (Mouvement de libération des femmes) en 1970 suivis de la manifestation internationale des femmes organisées en 1971 amorcent le mouvement. Une pétition est lancée en faveur de la liberté de l'avortement avec, à l'appui, « le manifeste des 343 Salopes[2] ». Puis l'avocate Gisèle Halimi obtient lors du procès de Bobigny l'acquittement d'une jeune fille violée, condamnée pour avoir avorté. En 1967, la loi Neuwirth autorise la contraception et enfin, en 1974, la loi Veil dépénalise l'avortement.

Aujourd'hui, l'IVG est autorisée en France jusqu'à 14 semaines après le premier jour des dernières règles*. Les

1. Madeleine Pelletier, militante pour l'avortement est arrêtée en 1939 et internée. En 1943, Marie-Louise Giraud, « faiseuse d'anges », est condamnée à la peine de mort par guillotine.
2. Dans *Le Nouvel Observateur* du 5 avril 1971, 343 femmes célèbres ou inconnues déclarent avoir avorté illégalement.

mineures n'ont pas besoin d'une autorisation parentale. Un entretien avec une conseillère conjugale et deux consultations médicales sont obligatoires.

Malgré la légalisation et l'accès facile à la contraception, 200 000 IVG sont pratiquées par an en France. Un oubli de pilule, une réassurance sur sa capacité de reproduction, le choix de rester l'enfant aimé de ses parents, la renonciation à un enfant pour garder un compagnon qui n'en souhaite pas, la réalisation fantasmatique de la mise à mal de l'image maternelle portée en soi lorsque la relation à une mère est trop conflictuelle sont allégués dans les décisions d'avorter.

« Il me semble que cette femme qui s'active entre mes jambes, qui introduit le spéculum, me fait naître. J'ai tué ma mère en moi à ce moment-là[1]. » L'IVG serait-elle alors préférable à l'installation d'une dette insensée ou bien serait-elle le prix à payer de son sang à verser pour devenir femme soi-même, dans la différence[2] ?

Si arrêter sa contraception suppose une décision volontaire et consciente d'entamer une grossesse, l'ambivalence du désir* d'enfant vient parfois contredire ce souhait et imposer le renoncement à une grossesse apparemment souhaitée.

KIDNAPPING

« N'accepte jamais des bonbons d'un étranger. Ne suis pas une personne que tu ne connais pas, elle peut te kidnapper »…

La mère prévient l'enfant d'un danger potentiel par ces mises en garde.

Littéralement, *kid-napping* signifie « saisir, cueillir » un enfant. Quelles que soient les motivations du rapt, la violence hors norme de cet acte fait écho à la crainte archaïque de toute mère que son enfant disparaisse, qu'il lui soit enlevé. Les faits divers alimentent cette peur ancestrale. Les vols crapuleux d'enfants existent, comme celui du petit

1. A. Ernaux, *L'Événement*, Gallimard, 2000.
2. M. Bydlowski, *Je rêve un enfant*, Odile Jacob. 2000.

Lindbergh[1]. Mais ce mobile, illustré aussi dans des films[2], n'anime pas la ravisseuse de bébé.

Elle se glisse dans une maternité avec couffin et couches, et pénètre dans une chambre où la mère de l'enfant dort ou s'est absentée. Elle se saisit très simplement du nourrisson sans défense, le dépose dans un moïse. L'acte accompli la rend mère, l'enfant est devenu le sien. Elle ne vole pas seulement l'enfant, mais également la maternité heureuse d'une mère.

L'obsession d'être mère, les échecs de grossesse, l'immaturité affective, la carence maternelle infantile sont souvent retrouvés dans les éléments biographiques de la ravisseuse. Se projette-t-elle dans le bébé enlevé pour lui donner les soins maternels dont elle-même enfant a manqué ? L'enfant volé représente-t-il le fruit d'une histoire d'amour dont elle se sent exclue ?

Le rapt lui permet fantasmatiquement de devenir à son tour, l'héroïne d'une histoire qui n'est pas sienne, de s'approprier la place de la femme aimée, comblée par sa maternité. Le bébé est souvent rendu, mais il arrive qu'il soit retenu. On se souvient de cette Américaine qui a gardé et élevé pendant vingt-trois ans[3] le bébé qu'elle avait volé à la maternité.

Tourmentées par des troubles de la personnalité, ces femmes en désir inassouvi d'enfants, à la fois ogresses* et enfants meurtris, traduisent leur impuissance dans un passage à l'acte souvent délirant qui s'inscrit dans la violence et la détresse psychologique.

Langue maternelle

Lucia, une jeune femme sur le divan du psychanalyste, raconte un rêve : elle se baigne dans une mer très froide, aussi bleue que le bleu des glaciers, soudain quelque chose la touche, elle panique, « un… ». Elle ne retrouve plus le

1. Charles A. Lindbergh a été enlevé alors qu'il avait 2 ans au domicile de ses parents en 1932. Il a été retrouvé mort malgré le paiement d'une rançon.
2. *M le Maudit* de Fritz Lang, 1931.
3. Anne Petway avait volé ce bébé âgé de 3 jours en 1987 au Harlem Hospital.

mot en français, ce n'est pourtant pas faute de le connaître. Agacée par son hésitation, Lucia l'Argentine fait retour à sa langue maternelle : « Un… *tiburòn.* » Jamais un « requin » ne sera un *tiburòn*, quand bien même la traduction d'une langue à l'autre ne relève ici d'aucune approximation. « Requin » ou *tiburòn*, en français ou en castillan, est un mot de l'enfance, une figure animale de l'ogre. À l'heure des contes et des histoires du soir, les mots ont la force des choses ; *tiburòn* ne désigne pas un animal marin carnassier, il *est* le monstre qui surgit des profondeurs pour vous dévorer ou vous emporter, il *est* « les dents de la mer ». La langue maternelle tient au corps, l'inconscient y construit son lexique ; elle n'est pas un simple outil de communication échangeable contre un autre.

Le premier apprentissage d'une langue imprime sa marque à la cavité phonatoire, expliquant la difficulté ultérieure à prononcer certains sons des langues étrangères, quand bien même on dispose d'une parfaite maîtrise de celles-ci. Mais la « maternité » d'une langue ne se limite pas à cette empreinte physique. Si la première langue, celle qui fait passer de l'état d'*infans* à celui d'être parlant, est maternelle plutôt que paternelle, ce n'est pas que la mère en serait nécessairement le véhicule privilégié ; la langue d'un enfant élevé par son seul père ne sera pas moins « maternelle » qu'une autre. La langue maternelle est *natale*, comme le pays ; la langue d'une terre, une terre mère. Avant de construire dans sa langue son dialecte singulier, de l'habiter pour son propre compte, de la faire sienne et d'y prendre ses habitudes, jusqu'au tic de langage, on est *porté* par sa *mother tongue* comme on l'a été par la mère elle-même. Rien de tel qu'un exil prolongé pour faire sentir à quel point la langue maternelle réchauffe comme la tendresse des premiers temps.

L'enfant véritablement bilingue fait envie : habiter à demeure deux langues plutôt qu'une ! Il n'est pas rare, pourtant, que ce gain de parole porte atteinte à la capacité d'écriture, comme si, au moment où il s'agit de coucher sur le papier *le* mot juste, l'embarras du choix se révélait un handicap plutôt qu'une richesse supplémentaire. La mère n'est pas substituable, la langue maternelle non plus.

Les mamans disent (proverbes et autres formules toutes faites pour leurs enfants...)

Petite ethnographie des lieux communs maternels.

Nous relevons que :

Premièrement.

Les phrases des mères parlent du temps qu'il fait.

De l'inquiétude qu'elles ressentent devant le froid. Mets ton bonnet, mets ta cagoule*, prends ton écharpe, remets ton pull, prends ton gilet, mets tes chaussettes, sors du bain* il est froid, sèche-toi vite, prends ton k-way. Il va neiger.

On attrape mal par la tête et par les pieds.

Deuxièmement.

Les phrases maternelles disent le temps qui passe n'importe comment.

Dépêche-toi est le plus répandu.

Variantes entendues : grouille-toi, on ne t'attendra pas toujours, si tu crois que je n'ai que cela à faire, tu as mangé de l'escargot. Variantes : de la limace, de la tortue. Allez zou, on y va, on est en retard, on se réveille, on se secoue le popotin, on ramène ses fesses.

Car les enfants vous ralentissent considérablement.

Troisièmement.

Les mots des mères sont des verbes à l'impératif, et souvent dans leur forme négative.

Fais pas ça, touche pas ça, arrête ça, ferme ça.

Fais attention, lève la tête, tiens-toi droite, ne fais donc pas cette tête-là, tais-toi donc, écoute un peu, regarde-moi ça, finis ton assiette, range ta chambre, combien de fois, baisse le son, et maintenant lève-toi, met ton casque, me dérange pas, va te coucher, ferme la porte, ouvre la bouche, ferme les yeux, t'en fais pas, voilà ce que disent les mères à leurs petits.

Cela s'appelle l'éducation.

Quatrièmement.

Les phrases des mères sont des questions qui n'appellent aucune réponse.

Tu as fait tes devoirs ? Tout va bien ? Tu t'es lavé les mains ? Tu as pris ton sirop ? Tu as parlé à ton père ? Tu as fait quoi à l'école ? Tu t'es fait des amis ?

Les mères transmettent parfois leur approche poétique de la vie. Une vision non dépourvue de menaces, mais pleine d'espoirs aussi.

Si le vent tourne, tu loucheras toute ta vie.

Mais la chance te sourira, enfant du jeudi, enfant né coiffé, qui signifie couvert de placenta* et non de cheveux, comme on l'imaginait.

Un placenta de mots pour se protéger des dangers, car la vie est si pleine de choses redoutables qu'on ne saurait même les énumérer.

LIMBES

Ce mot pluriel vient du latin *limbus* qui désignait les franges, les marges de quelque chose.

Dans la religion catholique, ce terme désigne un lieu intermédiaire entre paradis et enfer, dénué de tourments, mais aussi de délices, où vont les âmes de certains morts. Le concept n'a plus de réalité théologique depuis le 20 avril 2007. Le terme a fait florès à partir du XIIIe siècle, à la suite de grandes polémiques ecclésiastiques sur le sort *post mortem* des âmes de ceux qui n'avaient pu être baptisés.

Tout d'abord, les âmes des Justes qui ont eu la malchance de vivre dans des époques antérieures à la venue du Christ, lequel a racheté le péché originel et ouvert ainsi le paradis à ceux qui méritaient d'être sauvés. Ensuite, et de façon beaucoup plus cruciale pour les gens ordinaires, le commun des mortels, il y a les *limbes puerorum* où vont les âmes des enfants morts avant d'avoir reçu le baptême* et qui donc, sans avoir jamais péché, se trouvent exlus du paradis à cause du péché originel.

Pour saint Augustin, ces pauvres âmes ne souffrent en enfer que de tourments mineurs. Le concile de Carthage en 418 condamne l'idée même de ce lieu intermédiaire, mesure qui donna une importance extrême au baptême, sacrement qui seul pouvait libérer l'âme de ces tourments éternels. On reviendra plus tardivement sur cette interprétation rigoriste. On ne pense plus alors que ces pauvres âmes encourent les tourments de l'enfer, mais elles sont privées de la béatitude de la contemplation de Sa face. Thomas d'Aquin postule qu'elles ne souffrent pas de ce manque, car elles n'en ont pas conscience. Elles jouissent d'une sorte de bonheur naturel, quasi animal.

Ces discussions théologiques qui ont duré des siècles ont eu un très grand retentissement sur les infortunés parents. Il fallait coûte que coûte que l'enfant soit baptisé. La torture morale était grande quand l'enfant naissait mort-né*. En cas d'accouchement difficile, on baptisait n'importe quel morceau de peau visible. On introduisait même parfois de l'eau tiède dans le ventre* de la parturiente à l'agonie pour baptiser le fœtus. Le problème se posait aussi pour les embryons et les fœtus. En cas d'avortement spontané, on faisait visiter par la sage-femme ou le prêtre ou quiconque la présence d'un avorton qui était alors baptisé sous conditions.

Il y a un décalage évident entre la pensée théologique abstraite et la façon dont hommes et femmes ressentaient cette privation d'accès de leur progéniture à la félicité éternelle. La création de rituels*, l'adoption de comportements extrêmes témoignent de cette césure et de cette douleur. Mais aussi de la création têtue d'une espérance que la pensée chrétienne ne ratifie pas. En effet, le mot limbes a pris dans le langage ordinaire une acception différente. Ce n'est plus simplement ce lieu aux portes de l'enfer, dénué de douleurs, mais aussi de délices, c'est l'air qui nous entoure, peuplé de petites âmes qui n'ont pu trouver le bon corps. D'où l'idée quasi universelle que cette âme est prête à revenir… La croyance populaire dit qu'elles ne s'éloignent guère de leur famille et qu'elles saisissent l'occasion d'une relation sexuelle particulière pour revenir dans le même giron.

Cette idée des limbes n'est pas explicitement portée par la croyance populaire. Mais elle est là, sous-jacente, dans la représentation d'une possible (re-)naissance des enfants mort-nés ou avortés, expliquant ainsi la survie de nos jours d'une des grandes espérances des sociétés humaines confrontées à la mort des enfants.

Maman et la putain (La)

Balzac distinguait déjà il y a deux siècles « les femmes comme il faut » et « les femmes comme il en faut »... La maman et la putain, deux figures inconciliables de la femme pour certains hommes ou deux faces de la même femme ?

La maternité risque évidemment de réveiller cette dichotomie, souvent douloureuse. Devient-on mère au prix de sa féminité et de sa sexualité ? Le risque est alors de n'être plus qu'une maman... dans le regard du nouveau père*.

Freud décrit ainsi ce mouvement : « Le clivage œdipien typiquement masculin entre le courant tendre et le courant sexuel qui avait été momentanément surmonté a tendance à se rétablir lorsque la femme devient mère », réactivant la relation de l'homme lorsqu'il était enfant à sa propre mère. Accepter que la mère de son enfant reste une femme, à la sexualité épanouie, c'est accepter que sa propre mère a été la femme de son père, ce que certains hommes préfèrent ne pas reconnaître.

« Là où ils aiment, ils ne désirent pas ; et là où ils désirent, ils ne peuvent aimer[1] », notait encore Freud.

Le désir salirait l'amour pur, la madone ne peut aussi être une putain. La vierge Marie*, dont l'envers est la prostituée Marie-Madeleine, est l'incarnation de la mère pure qui renvoie au fantasme d'une maternité sans acte sexuel. La sexualité se vit alors avec d'autres afin de protéger l'image de la mère.

Du côté de la femme, il est parfois difficile de dévoiler sa sexualité : le sein appartient-il au bébé qui tète ou à l'homme qui le caresse ? La Belle de jour de Kessel adaptée au cinéma par Buñuel ne peut vivre ses fantasmes dans le cadre de son mariage et pour assouvir ses désirs ne peut faire appel qu'à l'anonymat d'un bordel : putain de jour, femme au foyer parfaite le soir.

La naissance de l'enfant vient souvent éveiller cette division, alors qu'elle n'existait pas. C'est fréquemment un

1. S. Freud, « Considérations sur le plus commun des ravalements de la vie amoureuse », 1912, in *La Vie sexuelle*, Puf, 1997.

moment difficile dans la vie sexuelle d'un couple, et ce n'est pas qu'une question de fatigue !

Ma valise est prête !

La préparation du trousseau de naissance est signe annonciateur de l'arrivée imminente du bébé. Ce n'est pas faute de sites Internet renseignant sur la question pour que chaque future maman puisse savoir très tôt tout ce dont elle a besoin dès l'arrivée du bébé. Lors des consultations prénatales, dans les semaines qui précèdent l'accouchement, il est remis aux patientes un papier avec l'inventaire détaillé de ce que doit contenir la valise en vue du séjour à la maternité.

Cette organisation n'est pas anodine pour chaque femme. Allant du plaisir pour certaines à l'angoisse superstitieuse pour d'autres. Est-ce aussi déjà un signe de « bonne » ou « mauvaise » mère que d'être capable de remplir cette valise ? De ne rien oublier ?

Est-ce demander aux femmes d'avoir la capacité de se projeter déjà maman en imaginant leur bébé dans tel ou tel body ? En lui achetant une brosse et un peigne, ou encore d'oser avouer qu'elles ne savent pas ce qu'est une grenouillère, une turbulette ou une gigoteuse… Avant toute réalisation de l'enfant imaginaire, préparer son trousseau, ranger ses produits, lui aménager une place est une façon de penser à l'enfant réel déjà habillé pour la vie.

Tant de mots nouveaux qui n'appartiennent qu'à celles qui ont déjà fait l'expérience de la maternité et qui confrontent les primipares à un univers immensément inconnu.

Au-delà de son rôle d'accessoire fonctionnel, la « valise » devient pour la femme qui part accoucher le contenant symbolique de l'affectif, de l'intime, de l'espoir. « J'ai déjà mis quelques gouttes de mon parfum pour que mon bébé reconnaisse tout de suite mon odeur… »

La « valise » jouerait-elle le rôle d'objet transitionnel pour cette voyageuse singulière qui se sert d'elle comme d'un soutien essentiel vers la délivrance ?

Sarah dit : « Ma valise était prête quelques semaines avant le jour J, je n'aurais pas voulu être prise au dépourvu, on ne sait jamais ! J'aurais pu accoucher plus tôt que prévu ou en pleine nuit. J'avais bien rangé tout ce dont j'avais besoin. Mes affaires et celle du bébé. Pris soin d'emporter un petit bout de chez moi à l'hôpital comme ma taie d'oreiller ou mon plaid préféré... »

En reliant le familier au lieu d'accouchement (l'Étranger), la « valise » serait une sorte de maison mobile que la future mère transporterait avec elle. Ce bagage inhabituel est aussi le vecteur du passage d'un statut de femme à celui de mère.

MAMMIFÈRE

Golfo Nuevo, péninsule Valdès, Patagonie argentine... il suffirait d'un rien, à se pencher du bastingage, pour que l'on puisse caresser le cuir de la baleine australe ou de son baleineau, tant ils s'approchent du bateau à le tutoyer, presque à l'effleurer. Jamais le « petit » – 9 m de long, 30 t, quand la mère en mesure 18 et en pèse 80 – ne s'éloigne de plus de quelques mètres de celle à laquelle il doit la vie et la survie (125 l de lait tirés à la mamelle chaque jour). Jouant avec le bateau, la mère et l'enfant semblent d'abord jouer entre eux. Vision anthropomorphe ? Et si c'était l'inverse ? Le fait de se nourrir à même le corps de la mère dans les premiers temps de la vie impose entre les deux partenaires une tendresse nécessaire, observable chez tous les mammifères, ces porteurs de mamelles ; y compris les plus carnassiers, qui se jouent à pleines dents de leur naturelle agressivité.

Avant d'être un sein*, le sein de la femme est aussi une mamelle. Il n'y a aucune raison de refuser aux mammifères que nous sommes cette tendresse instinctuelle, dictée par ce premier et vital corps à corps. Sauf que... il n'est de programme instinctuel, chez l'homme, qui soit à l'abri de la vie psychique et de ses perturbations. Aucune des grandes fonctions (manger, déféquer, respirer... et bien sûr copuler) n'échappe à la « folie privée » de l'inconscient, celle qui fait les bébés anorexiques, les constipés chroniques, les femmes frigides et les hommes impuissants. L'allaitement* n'est pas épargné. Sans parler du biberon qui évite à plus d'une femme l'intimité d'un peau-à-peau qui les angoisse. Il n'est de rencontre entre le téton d'un sein et la bouche d'un nourrisson qui se réduise à un geste vital. L'amour, la haine, l'indifférence, le plaisir, le dégoût… le lait véhicule toujours tout autre chose que lui-même. Quand telle femme ne supporte pas que son homme lui touche les seins (*a fortiori* lui tète) pendant la période d'allaitement, alors qu'elle goûtait volontiers ce plaisir précédemment, elle souligne par ce clivage que l'existence de la mamelle passe par le refoulement du sein. Il n'est pas rare que ce partage échoue et que le sexuel reste maître de la place : pour le plaisir, voir la jouissance, quand la tétée provoque l'orgasme ; ou pour le déplaisir, quand la douleur ou la répugnance gâte une expérience consentie à contrecœur.

Mais les meilleures (ou les pires) choses ont une fin, l'allaitement aussi, qui permet au sein de reprendre les formes d'Éros et à l'homme de quitter les mammifères afin de retrouver ce que la nature lui a un instant confisqué :

> Quand ton sein, Ô Madeleine,
> Sort du corset de baleine…
>
> Victor Hugo, *L'Aveu du châtelain*, 1825.

Marâtre

Elle agite ses longs bras, elle a la bouche ouverte et des cheveux hérissés comme dans un tableau de Munch.

Elle crie. La marâtre ne sait rien de la douceur.

Marâtre : c'est le nom que l'on donne à la deuxième épouse d'un homme veuf avec enfants.

Marâtre est à mère ce que verdâtre est à vert, le suffixe est explicite. Aucun mot plaisant en âtre. La marâtre est une mère caricaturée, un ersatz empoisonné, à l'image de la pomme que la marâtre de Blanche-Neige lui tend.

Il va de soi qu'elle n'aime pas les enfants de la morte, ses fillâtres. Et celles-ci le lui rendent bien.

– Cendrillon, prépare les lits de mesdemoiselles mes filles, hurle la marâtre. Elle ressemble à une ogresse maigre. Que fait-elle avec le père ? Nous devinons qu'ils partagent la chambre parentale, elle a pris la place de la mère, son côté du lit. Les contes n'en parlent pas, parce que la présence de la marâtre rend le père très lointain, très transparent.

Elle l'a sûrement ensorcelé, car nous remarquons qu'il ne prend guère la défense de ses enfants, tandis que la marâtre favorise ignoblement les siens.

À moins que ce ne soit le contraire. La marâtre arrive dans le foyer détruit par le deuil, elle aimerait être à la hauteur, mais elle est précédée par son nom épouvantable. Les enfants de la morte la voient arriver avec hostilité, et haine. Elle n'a d'autre ressource que d'imposer son autorité.

Marâtre, elle doit pourtant amour et protection.

Elle en fait les gestes, mais chargés de terribles intentions. Elle brosse les cheveux des filles, mais les emmêle et les tire. Elle coud des chemises qui collent à la peau des garçons et la brûlent, elle cuisine des plats empoisonnés.

Elle met tous les enfants de la morte au service des siens.

– Ma fille, va à la fontaine chercher de l'eau !

Elle compte faire en sorte qu'ils soient déshérités.

On ne dit jamais : une gentille marâtre.

Une gentille belle-mère est un oxymore, mais une gentille marâtre est impensable.

Quant au parâtre, je n'en ai jamais entendu parler.

Marie

De nos jours et sous nos climats, la virginité n'est plus un tabou.

Mais la mère ne reste-t-elle pas toujours vierge, comme dans les théories sexuelles infantiles, comme dans les fantasmes et les rêves ? Le clivage de « la maman et la putain* » en garantit la pérennité, même si la psychanalyse vient là pour mettre un pied dans la fourmilière.

L'Immaculée Conception n'est pas seulement la virginité de la vierge, mais celle de sa mère. Marie elle-même n'est pas née d'un acte sexuel. Donc de mère en fille, on est et on naît vierge.

La construction psychique du fantasme de scène primitive, l'accouplement des parents pour la conception d'un enfant, suffit-elle à abolir ce fantasme primordial ?

« Tu sais ce que j'étais avant ?, dit un petit garçon de 4 ans. J'étais un spermatozoïde. » Il était déjà là. C'est lui qui, en fantasme, a fécondé sa mère. Le fantasme incestueux s'accommode de la virginité maternelle.

L'homme qui déflore une femme a le fantasme de déflorer sa mère toujours vierge, à l'image de ce petit garçon. Il est le premier homme d'une femme qu'il veut mère, donc il précède le père. Le Saint-Esprit est toujours là. C'est l'ange asexué à la fleur de lys de la pureté, de la virginité, le messager de l'Annonciation, garant de la non-défloration.

La femme est à la fois sacrée quand elle est vierge, mère, madone et impure dans tous les moments de sa vie sexuelle.

On recoud des hymens chez les femmes du Maghreb. Elles doivent être vierges pour le mariage, donc vierges pour l'enfantement. Dans ces cultures, la virginité est un bien familial qui appartient à l'honneur des hommes, du père et des frères.

En revanche, chez les Incas et autres cultures amérindiennes, la virginité constituait un signe d'impopularité : elle y était consacrée à une divinité, et la jeune fille devait la perdre avant le mariage.

Freud, dans « Le tabou de la virginité »[1], décrit le danger que s'attire l'homme dans l'acte de défloration, celui de l'hostilité et du « venin de la pucelle », ainsi que le danger d'affaiblissement, de contamination féminine, et de castration.

« On pourrait presque dire que la femme dans son entier est taboue », conclut-il.

Materner

Dès après la naissance et pendant les tous premiers mois, toute mère cherche à prendre son enfant dans ses bras, à le bercer, le toucher, le vêtir, le réchauffer : en un mot a le *materner*. Ces gestes, ces soins, qui ont pour objectif d'aider le bébé à se développer le mieux possible et à s'adapter à son environnement, paraissent *a priori* complètement naturels et universellement pratiqués ; ils sont pourtant tout à la

1. 1918, in *La Vie sexuelle*, Puf, 1997.

fois marqués par l'histoire, la culture et soumis à l'usage local, à la science et à la mode.

Dans nos sociétés, dès l'Antiquité grecque et jusqu'à nos jours, des médecins, mais aussi des philosophes puis les psychologues et les psychanalystes ont tenté d'imposer des normes, pour *materner* les bébés, qu'ils considèrent comme plus scientifiques et plus morales dans le but de lutter contre des pratiques vues comme trop instinctives et néfastes. Il est vrai que si les mères prennent soin d'emmailloter serré leur nouveau-né, c'est certes pour le tenir au chaud, mais c'est aussi dans le but de façonner son corps, de lui assurer force et robustesse. Une telle pratique fut, dès le XVIIIe siècle, vilipendée par les hommes de sciences au prétexte qu'un tel emmaillotage entrave la liberté de mouvement et nuit au développement harmonieux de l'enfant : la coutume fut alors abandonnée. De même, les habitudes qui consistent à prendre dans ses bras, de bercer son bébé ou de lui donner le sein dès qu'il s'agite ou pleure donnèrent lieu aux mêmes polémiques et interdits*.

Sous d'autres latitudes, ces pratiques instinctives ou traditionnelles demeurent tant pour des raisons de croyances que par nécessité économique. Notons que dans nos sociétés dites scientifiques, ces façons de faire d'autrefois « reviennent » par choix idéologique ou nostalgie. En sorte que la tendance aujourd'hui semble aller vers un laisser-faire : chaque mère doit pouvoir agir selon son choix et trouver elle-même le meilleur équilibre intime et affectif avec son bébé. Elle peut, si elle le souhaite, porter presque toute la journée son bébé « tout contre elle » à l'aide d'une bande de tissu, le nourrir à la demande, le sevrer tardivement. L'important est que l'enfant acquière les compétences qui lui permettent de devenir autonome et de marcher, seul, vers l'aventure de la vie.

Maternité reportée, fertilité préservée

> Par une certaine partie de nous-mêmes, nous vivons tous au-delà du temps…
>
> Milan Kundera, *L'Immortalité*, Gallimard, 1990.

Le perfectionnement des méthodes de congélation et de vitrification permet de conserver les ovocytes des femmes qui doivent subir un traitement anticancéreux risquant de provoquer une stérilité définitive. Les gardant intacts pour après leur guérison.

Détournant cette finalité première, l'idée est venue de proposer aux femmes jeunes, si elles n'ont pas pu réaliser leur souhait de maternité, de congeler leurs ovocytes pour les utiliser plus tard quand elles seront prêtes à procréer. Il s'agit d'une préservation de fertilité de « convenance personnelle ».

Congeler ses ovocytes et faire des enfants après la fin de sa fertilité, parfois longtemps après, est déjà possible en Espagne, aux États-Unis, en Angleterre. Bientôt en France. Beaucoup de femmes viendront tard à la maternité.

À partir de 35 ans, une diminution de la capacité fertile est constatée. Elle décroît carrément vers 45 ans. Certaines femmes non désireuses, à court terme, de faire des enfants peuvent profiter de la congélation d'ovocytes et conserver une chance d'être mère pour le jour où elles le souhaiteront.

L'« assurance » d'avoir un bébé après que la fertilité s'est éteinte libère certaines de la pression de trouver trop vite un partenaire, un père* pour un enfant ou de renoncer à la maternité… Véronique, en couple entre 23 et 30 ans, sans espoir de convaincre celui avec qui elle vit d'accepter son désir* d'enfant, finit par rompre. De courtes ruptures en longues périodes de solitude, à 33 ans, amoureuse mais encore contrariée par l'indécision que son compagnon lui impose, elle décide, seule, de conserver ses ovocytes en les congelant.

Le sentiment de liberté éprouvé vis-à-vis d'une fertilité qui serait indépendante du temps peut aussi être un piège : ayant à sa disposition une part de soi immortelle et congelée, on se fait croire qu'on n'a pas d'âge.

On méditera enfin sur l'autorisation accordée en 2007 au Canada à Mélanie de congeler ses ovocytes pour en faire don à sa fille stérile. Si cette démarche aboutit à une naissance, la fille serait à la fois la mère et la sœur de l'enfant à naître et Mélanie, la mère et la grand-mère, réalisant ainsi un déni de la différence des générations.

MATERNITÉ

Procréation, enfantement, naissance…

« Mon plus beau rôle, c'est maman ! » titrait le magazine *Elle*[1].

Si l'âge moyen des premières grossesses tourne aujourd'hui en Occident autour de 28 ans, c'est que les femmes peuvent décider du moment de leur maternité grâce à la contraception. Les discours féministes des années 1970 ont « clamé haut et fort que l'amour maternel ne les comblait pas[2] ». Quarante ans plus tard, la maternité est valorisée, encensée, exposée en couverture de magazine. Et si la maternité n'est pas aussi merveilleuse que prévu, le baby blues*, la dépression postnatale sont l'objet de témoignages écrits qui se veulent utiles aux autres. Les femmes se montrent désirantes d'enfants, et ce, en opposition à leurs mères qui désiraient la liberté avant tout. La femme enceinte* a choisi de travailler et d'assurer aussi professionnellement durant sa grossesse. Si le legs des grossesses familiales marque la manière dont chaque femme vit la sienne, la perception des modifications de son corps évolue en fonction des époques. La tendance actuelle est d'érotiser, accepter, montrer son ventre* comme une belle partie de soi-même.

Lors de cette gestation, une présence maternelle, la mère réelle ou un autre personnage féminin la représentant, demeure souvent nécessaire pour renouer avec celle des premiers soins, celle de la tendresse, du temps où la future mère d'aujourd'hui était elle-même bébé.

La gestation favorise la réminiscence d'instants de l'histoire des futurs parents, souvenirs qui vont alimenter les espérances dont l'enfant est l'objet et sous-tendent les différentes images du désir* d'enfant.

MATREM NUDAM

Tout commence avec les Pères de l'Église : *Inter urinas et faeces nacimur*.

1. Le 23 août 2013.
2. Y. Knibielher, *La Révolution maternelle depuis 1945*, Perrin, 1997.

Le latin d'église, c'est la feuille de vigne linguistique utilisée pour désigner les organes et les actes de la sexualité, tels que *pudenda, vagina dentata, ejaculatio ante portas*. C'est aussi la langue pudique pour Freud. Lui qui ne fréquentait l'église qu'avec sa vieille et laide nounou Nania, son « professeur de sexualité ». Lui pour qui la religion n'était qu'une illusion, et les exercices religieux assimilés à des rituels de névrose obsessionnelle.

Matrem nudam, c'est ainsi que Freud évoque le souvenir de sa mère nue, et « l'éveil de sa libido », au cours de ses premiers voyages en train avec elle. Les flammes des jets de gaz de la station Breslau provoquent chez lui un effroi tel qu'il pense « aux âmes brûlant en enfer », dont lui parlait sa Nania. Il en développera par la suite une phobie tenace des voyages ferroviaires.

Vulva, objet d'attraction, de terreur ou d'horreur. *L'Origine du monde* de Courbet ne permet pas de l'oublier. Le poignet d'Olympia, la non moins scandaleuse, est orné du bracelet de la mère de Manet, avec un médaillon contenant une mèche de ses cheveux d'enfant. *Matrem nudam.*

Méduse (ou *Gorgo*) chez Freud, c'est la figuration de l'organe génital de la mère, dont la vue provoque l'effroi. Incarnation de tous les fantasmes dangereux : la bestialité de la femme, sa quête avide de jouissance, son aspiration au réengloutissement de sa progéniture, sa menace de castration du *fascinus* masculin.

« Les femmes, écrit non sans humour Freud en 1932, ont inventé une technique, celle du tressage et du tissage... C'est la nature elle-même qui aurait fourni le modèle de cette imitation en faisant pousser, au moment de la puberté, la toison pubienne qui cache les organes génitaux[1]. »

C'est le poil de la puberté qui recueille l'héritage de la bestialité, de l'obscénité du sexe féminin qu'il était censé dissimuler et qui subit l'opération de répression. Ainsi, les cheveux sous le voile des musulmanes intégristes, leurs pubis soigneusement épilés, les têtes rasées portant perruque des femmes juives mariées. Et les pubis rasés par les

1. S. Freud, *Nouvelles conférences d'introduction à la psychanalyse*, 1932, Gallimard, 1984.

inquisiteurs brûleurs de sorcières, en tant que cache du Diable.

MÈRE DE LAIT

Il se peut que la mère naturelle ne puisse ou ne veuille allaiter son bébé, une autre femme, une « mère de lait », autrement dit une nourrice, se substitue alors à elle. Mais, quasi universellement, le lait est considéré comme une substance nourricière particulière susceptible de transmettre au nourrisson une part de l'identité, voire du caractère, de celle qui allaite au point de créer une quasi-parenté entre celle-ci et les enfants nourris au même lait. D'où l'attention très grande portée au choix de la nourrice par les parents issus des classes aisées et moyennes des sociétés européennes, grandes pourvoyeuses d'enfants placés en nourrice depuis l'Antiquité jusqu'au début du XXe siècle. Des comportements si répandus, si habituels qu'ils provoquent les critiques des philosophes et des moralistes qui, pendant des décennies, s'élèvent contre de telles pratiques et tentent de prouver les bienfaits de l'allaitement* par la mère pour la survie du bébé et le renforcement du lien entre elle et son enfant. Dans ces mêmes régions et à ces mêmes époques, existent des institutions qui recueillent les bébés abandonnés et font, elles aussi, appel à des nourrices, certes moins soigneusement choisies et où les enfants ont moins de chance de survie, mais qui jouèrent parfois le rôle de véritables mères de substitution*. Du reste, de nombreux contes traditionnels ou des histoires de vie fabuleuses racontent le rôle protecteur et l'amour filial que ces *mères de lait,* choisies ou non, jouent auprès des enfants qu'elles nourrissent, et les forts liens affectifs qui unissent entre eux « frères et sœurs de lait ».

Dans les sociétés arabo-musulmanes l'on accorde une grande importance à la parenté créée par le biais de la lactation – qui a sa source dans le Coran – d'où découlent de puissants liens de solidarité entre parents biologiques et parents de lait et qui entraîne de surcroît, entre enfants d'une même mère nourricière et les parents de celle-ci, de strictes prohibitions sexuelles et d'alliances.

Mère de substitution

La mère ne fait pas que nourrir, en même temps qu'elle soigne, elle suscite chez l'enfant bon nombre d'autres sensations corporelles, empreintes de plaisir ou non. L'amour de la mère pour son nourrisson possède la nature d'une relation amoureuse pleinement satisfaisante, elle devient la première séductrice de l'enfant. Dans ces deux relations (soins et séduction) s'enracine la signification *unique, incomparable*, fixée pour toute la vie de façon *inaltérable*, de la mère comme objet d'amour, le premier et le plus fort, comme prototype de toutes les relations d'amour ultérieures, dans les deux sexes.

S. Freud, *Abrégé de psychanalyse*, 1938, Puf, 1949.

Bien des vies d'hommes (et parfois de femmes) respectent ce programme jusqu'à la caricature, qu'elles ne parviennent jamais à s'éloigner de la « Première d'entre toutes les femmes », ou qu'elles lui substituent son duplicata.

La génitrice est substituable, sans même parler de l'adoption* ou de la gestation* pour autrui, bien des enfants ont eu pour « mère » une grand-mère*, une marraine, une proche, qu'à l'origine de cet échange on trouve les aléas de l'histoire ou les pratiques coutumières de certaines cultures. Mais peut-on changer de *mère*, si l'on entend par là cette compagne des premiers temps de la vie, aussi nourricière qu'amoureuse ?

Changer sa mère ! Ça oui… bien des psychanalyses s'engagent sur la base de ce malentendu : derrière le vœu conscient de vouloir changer pour son propre compte, le désir inconscient de *la* changer ; transformer une mère (de l'enfance) défaillante (« elle faisait tout ce qu'il faut, mais le cœur n'y était pas »), hostile, préférant un frère ou une sœur… en une maman dont on est l'heureux élu.

Si insatisfaisante qu'elle ait été, elle est unique. Je me dis que le seul être qui ne soit pas substituable, qui soit peut-être même immortel, c'est la mère, et à ma mère minuscule, j'attribue, je donne une majuscule[1].

Mère de tous nos maux (La)

C'est bien connu, l'ignorance est « mère de tous nos maux ». La paresse, l'oisiveté, la jalousie, l'argent, la cupidité,

1. J.-B. Pontalis, *Fenêtres*, Gallimard, 2000.

le mensonge, la télévision, la corruption et tant d'autres choses aussi... Les vices sont interchangeables à l'infini, mais la mère demeure toujours à l'origine des maux...

> Avec l'amour maternel la vie vous fait à l'aube une promesse qu'elle ne tient jamais[1]...

À l'origine de « tous nos maux » serait donc une promesse non tenue ?

« Maman », un des premiers « mots » que le bébé prononce, une parole où s'inscrit son identité, se murmure ses affects, se noue son destin lié à la mère des commencements. Gages de tendresse, d'ardeur, d'abnégation... dès l'aurore de la vie l'idéalisation maternelle est sans doute une nécessité sans laquelle il ne pourrait survivre...

Mère biologique ou mère d'intention, mère d'origine ou mère sociale, mère inadaptée ou mère aimante, la mère – ou celle qui en fait fonction – est censée être pour l'enfant source de chaleur, de tendresse et de dévouement. Or, ces qualités se nuancent au cours du temps qui passe d'une part d'ombre qu'instillent l'insatisfaction, l'attente, la frustration.

La mère merveilleuse des débuts, rejetée, un peu oubliée, pendant la période de latence, fera l'objet de retrouvailles lorsque l'enfant devenu grand souhaitera une filiation*, aura fait le deuil d'une mère toute-puissante et invulnérable et l'acceptera vieillissante, faible, attaquable.

Devenir adulte n'est-ce pas passer par toutes ces étapes de détestation profonde et d'amour intense ?

Ne le devient-on pas aussi lorsqu'on a renoué avec l'image de la mère des commencements dont on sait qu'elle ne tient jamais ses engagements ?

Mais alors, de quelle force est l'emprise de ce rêve maternel originel et prometteur pour que seuls les « maux » restent ?

Mère génétique

Elle est celle que recherchent certains enfants adoptés. La mère d'origine en opposition à la mère symbolique et

1. Romain Gary, *La Promesse de l'aube*, Gallimard, 1980.

à la mère imaginaire. Les extraordinaires développements de l'assistance médicale à la procréation ont bouleversé les possibilités de la reproduction. Aujourd'hui, un enfant peut avoir « trois mères ». La donneuse génétique, à l'origine de l'ovocyte qui contient le matériel génétique, la gestatrice qui porte l'enfant et le met au monde et la mère dite d'intention qui va élever l'enfant. Le recours possible dans certains pays à une GPA* associée à un don d'ovocyte* permet de fait la concrétisation de cette situation.

Selon les pays, les législations accordent une primauté différente à ces différentes « mères ». Aux États-Unis, la mère porteuse qui signe un contrat de GPA n'a aucun droit sur l'enfant qu'elle met au monde. En France, celle qui accouche est la mère de l'enfant, et la donneuse génétique (une donneuse d'ovocyte par exemple) n'a aucun droit sur cet enfant.

Le désir de maternité étant pour certaines femmes irrésistible, elles renoncent à leur lien génétique avec le futur enfant en optant par exemple pour un don d'ovocytes*. Il pourra alors se poser la question de la quête des origines pour l'enfant ainsi conçu qui peut vouloir rechercher plus tard sa donneuse génétique.

Dans la plupart des pays, en particulier européens, l'accès aux origines est impossible, car les dons de gamètes sont anonymes. La liberté d'accès aux origines est le combat de nombreux psychiatres et psychanalystes. Pour d'autres, c'est dans certaines difficultés de la relation parents/enfants qu'il faut rechercher les raisons qui amènent certains enfants à quérir leur origine génétique. La France a tranché pour l'instant et a confirmé lors de la dernière révision de la loi de bioéthique (2011) le maintien de l'anonymat dans le don de gamète.

Mère juive

La mère juive est un personnage central de la culture juive. Elle est l'objet d'admiration, de crainte, de caricatures, de livres, de films, de chansons (la plus célèbre étant la magnifique a *yiddishe mame*) et d'un nombre incalculable de blagues.

On la caractérise surtout dans ses relations à son (ou ses) fils, bien que cet investissement prioritaire sur le fils aboutisse à des effets collatéraux sur les filles qui peuvent se sentir négligées par l'amour maternel exubérant porté aux mâles du clan. Les filles se retrouvent parfois asservies au fils qui est, lui, déchargé de toute tâche ménagère. Elles feront donc des femmes idéales pour les fils de mères juives qui chercheront prioritairement une femme qui deviendra une future mère juive !

Surprotectrice, possessive, très anxieuse, elle ne supporte pas qu'une autre femme puisse être l'objet d'amour de son fils.

Salomon présente à sa mère trois femmes, une blonde, une brune et une rousse, et lui demande de deviner quelle est celle qu'il a choisie.

Après quinze minutes d'entretien avec chacune d'entre elles, la mère dit à son fils : « tu as choisi la rousse ».

« Comment le sais-tu ? », lui demande Salomon.

« Je ne l'aime pas. »

La mère juive est aussi motrice de la reproduction, grâce aux injonctions répétées faites aux enfants de lui faire des petits enfants.

Les mères italiennes (les célèbres *mammas*) n'ont rien à envier aux mères juives.

Dans les familles juives, le père* prend les grandes décisions et la mère les petites décisions, mais c'est la mère juive qui détermine quelles sont les grandes et les petites décisions…

Il faut enfin ajouter que beaucoup de pères juifs se comportent comme des mères juives.

Mère morte

Les yeux de ma mère étaient creux, vides, ils ne réfléchissaient plus rien. Je me demandais : « qu'est-ce qui lui arrive ? », mais surtout : « qu'est-ce que je lui ai fait pour qu'elle me lâche ? » Un événement important était probablement advenu pour elle, tellement plus important que moi, si bien que je n'existais plus pour elle. Et je ne pouvais plus trouver en son regard le miroir qui m'aurait permis de me sentir exister, de sentir qu'elle m'aimait et me désirait. Ce miroir, je l'ai recherché toute ma vie. Je continuerai à le rechercher toute ma vie, dans les yeux d'un homme aimant, d'une femme aimante, ou dans les yeux adorateurs d'un enfant.

C'est ce qu'on nomme le besoin d'amour, celui d'une retrouvaille promise à une éternelle déception, car l'objet perdu ne peut jamais être retrouvé, sauf sous la forme de substituts plus ou moins satisfaisants.

Mais ce discours illustre ce qu'André Green a nommé « le complexe de la mère morte ». La mère réelle demeure en vie, mais elle est quasi morte psychiquement pour son enfant. Elle le désinvestit brutalement alors qu'auparavant elle le chérissait. Elle ne peut plus lui prodiguer l'amour qui lui sert à vivre. Cette mère porte la mort en elle et la lui transmet, mais, ce qui est plus grave, d'une façon qui apparaît entièrement incompréhensible pour l'enfant.

La dépression maternelle se réfère à des pertes réelles, telles que la mort d'un être cher, enfant, mari, père, mère, ou une fausse couche, mais aussi à des événements inavouables, tels que la découverte d'une infidélité du mari, un avortement, une humiliation, la perte d'un idéal, une déception qui inflige une blessure narcissique.

L'enfant devenu adulte n'est pas particulièrement dépressif, mais il se plaint de sentiments d'échecs et d'incapacité de sa vie affective amoureuse ou professionnelle. C'est dans un travail analytique que vont réapparaître la dépression infantile occultée, l'identification inconsciente, la haine attachée à la perte du sens et au sentiment d'une malédiction de la mère morte qui n'en finit pas de mourir et qui le retient prisonnier.

Mère supérieure

La mère supérieure est supérieure à toutes les mères, du fait que son pouvoir excède celui de la famille. C'est, en principe, la directrice d'un couvent religieux, mais, par extension, on peut la reconnaître dans toute autre figure d'autorité sur un groupe de filles, quand elle s'exerce dans un milieu clos, d'enfermement ou de pouvoir absolu. Et lorsqu'elle ne peut plus être ni fille, ni amante, ni mère.

La mère supérieure du couvent, c'est celle qui préside à l'entrée des novices, impose à ses filles religieuses les règles, la « discipline », devenue instrument de flagellation, encourageant la dérive vers des pratiques masochistes, jusqu'à l'anorexie. La folie s'empare de ce pouvoir dans « L'affaire des possédées du couvent de Loudun ». En 1632, Jeanne des Anges, mère supérieure affligée de difformités physiques, éprouve une passion qui vire à la haine pour son confesseur, le séducteur Urbain Grandier, et l'accuse de pacte avec le Diable et de sorcellerie. Ses crises de possession gagnent hystériquement toutes les filles du couvent. Le malheureux confesseur, victime d'une chasse aux sorcières manipulée par le cardinal de Richelieu, bien que clamant son innocence, est condamné à mort, torturé et brûlé sur un bûcher.

La reine mère, c'est celle qui s'empare du trône à la place de son enfant souverain, trop jeune encore pour régner, et qui exerce un pouvoir bien souvent abusif. Catherine de Médicis, reine de France de 1547 à 1559, est restée reine mère et régente de trois rois et deux reines de 1560 à 1563, ne reculant devant aucun crime pour conserver son influence.

La Valide sultane, c'est la mère du sultan de l'Empire ottoman, la reine mère qui règne sur les concubines du harem, chargées de la procréation ou des divertissements. C'est elle qui conseille le choix de la favorite du moment. Elle partage le pouvoir avec le Grand Eunuque.

La mère maquerelle, nommée « maquerelle abbesse » au Moyen Âge, c'est celle qui règne sur une troupe de filles de joie. Elle entretient bien souvent des relations, telle Mme Claude, avec tous les pouvoirs politique, policier et juridique.

Mères lesbiennes

Aujourd'hui, pour une lesbienne, devenir mère par insémination artificielle avec donneur (IAD) n'est pas autorisé en France. Le don de sperme est réservé aux femmes dont le mari est stérile. Aussi les mères lesbiennes ont utilisé différents moyens indirects. Divorce après conception conjugale, coparentalité avec un ami ou un couple gay, recompositions familiales variées.

Il est surtout fréquent de traverser la frontière vers la Belgique ou l'Espagne où se pratiquent les dons anonymes. C'est la solution habituelle choisie pour devenir mère. Contrairement à ce qui se passe pour nombre de pères homosexuels, le désir* d'enfant est plus rarement élaboré par une femme seule. Ici, le couple est souvent impliqué dans un projet parental où les deux femmes se projettent dans le même rôle et se font, dans bien des cas, appeler maman toutes les deux. Toutefois, ce souhait d'identité et d'exclusion du masculin ne se soutient pas longtemps. Même si le don est anonyme, l'insémination est souvent vécue avec des affects intenses, parfois même comme intrusive, et le donneur occupera alors une place de tiers, consciemment ou non. Certains couples l'admettent et cherchent un donneur connu qui acceptera de rencontrer, s'il le souhaite, l'enfant à sa majorité.

La similitude des rôles se nuance avec le choix de la génitrice. Celui-ci s'effectue souvent spontanément. Il arrive que le projet ne puisse se maintenir médicalement, ce qui remanie les places dans le couple. Celles-ci sont variées. L'idée que les deux femmes s'attribueraient un rôle précis de père et de mère est généralement illusoire. Les identifications sont doubles, exprimant la vérité de la bisexualité psychique.

L'entourage occupe une place majeure. Participer à des groupes homologues favorise une évolution satisfaisante, surtout pour les enfants. Ceux-ci, on le sait grâce aux travaux américains, n'ont pas de pathologie particulière et ne deviennent ni homosexuels ni psychotiques. Mais la souffrance sociale est importante. L'absence de père est responsable de difficultés psychologiques dont le traitement s'appuie sur l'imaginaire, la reconstitution d'un roman familial et un soutien spécifique. Insistons enfin sur l'importance des grands-parents, le grand-père maternel étant souvent investi d'une fonction paternelle complémentaire.

Mets ta cagoule, j'ai froid

Elle est postée devant la porte, elle barre la route, une écharpe à la main, ou bien un bonnet à pompon, ou une cagoule. L'enfant pousse la mère, agacé.

J'ai pas froid, dit-il.

Et je pense soudain que c'est, oui, l'essence du sentiment maternel : avoir froid par personne interposée, craindre un rhume qui ne vous est pas destiné.

Je t'en supplie, ne sors pas ainsi, dehors il gèle.

Songeant à cet enfant désormais hors de ma portée, je murmure sans que personne ne m'entende, j'espère que tu as mis un pull, pourvu que tu aies entouré autour de ton cou ton écharpe, je t'en prie, je t'en prie, ne prends pas froid !

Je me vois dans l'escalier, je m'entends au téléphone, prends ce gilet, enroule-toi dans ce châle, mes bras s'allongent, impuissants cependant. Je me résigne. Ça ne fait rien : tout à l'heure j'achèterai du sirop, de la mélisse, des pastilles à l'origan, de l'échinacéa, tout ce qu'il faut. Du thym et du romarin.

Mon inquiétude ressemble à la douleur de la mère du marin tremblante sur sa falaise. Le vent lui cingle les joues, ses larmes coulent pour rien.

Une minute de silence pour la mère du soldat.

J'entends ricaner les enfants. On est bien au chaud sur la terre ferme disent-ils – si j'entends bien – te fais pas de bile, Bill. On sera jamais marins. On n'ira pas à la guerre.

Il y a d'autres périls pensé-je, et je croise les doigts.

Devant les frissons maternels, les enfants ricanent (très gentiment, *of course*). Ils disent :

Les manteaux, c'est pour les vieux. Les cagoules, c'est pour les nains. Les écharpes, ça serre le cou et on étouffe.

Ils passent par la porte de derrière, profitent d'un moment d'inattention pour bondir en tee-shirt et sans chaussettes dans le froid coupant.

Enfant, je n'avais jamais froid. Je trouvais la frilosité suspecte et horrible. Une manifestation de la peur de vivre. Les manteaux me semblaient faits pour m'alourdir, les bonnets pour m'assourdir, et les écharpes me paraissaient avoir été inventées pour me ligoter.

Ciao maman, et vive la liberté.

MORT-NÉ

« En faisant comme si de rien n'était, ils font comme s'il n'était rien. »

Camille Laurens, *Philippe*, POL, 1995.

Le *mort-né* – qu'il soit fœtus, bébé né sans vie à terme – est dans de nombreuses sociétés et, il y a encore peu de temps, dans la nôtre, socialement occulté, familialement dénié. Ces petits morts sont toujours considérés comme dérangeants, perturbants, parfois bénéfiques, le plus souvent maléfiques, ils ne laissent jamais indifférents.

Pensé, traditionnellement, comme provenant d'un espace inconnu, le nouveau-né est pourvu d'une « inquiétante étrangeté ». Aussi quand celui-ci se révélait fragile et qu'on pensait qu'il n'allait pas vivre, on tentait de le retenir en faisait semblant de l'éloigner en le changeant, en l'enfournant, en le donnant ou en le vendant. Toutes façons de faire qui rappellent que le bébé participe d'un autre monde redoutable, mortifère, dont il faut l'extraire afin que s'ancre en lui sa nature humaine. Si malgré toutes ces précautions le nouveau-né meurt, son sort n'est guère facile à régler. Vers quel monde le renvoyer ? Lui qui n'a pas accompli sa vie, n'a pas de nom, est encore ensauvagé, donc dangereux. D'où ces funérailles qui avaient lieu, hâtives, clandestines, hors des lieux consacrés aux « bons » morts, dans ces coins non consacrés de nos cimetières sous les haies des murs d'entour, sous le parvis de l'église ou hors de l'espace habité, dans les champs ou dans la brousse.

Dans nos sociétés industrielles, où pourtant la mort est de plus en plus occultée, on a compris qu'on ne pouvait pas continuer à ignorer ces morts-là : enfants nés sans vie, à peine formés mais qui ont existé dans le désir et le corps d'une mère. Ainsi, en France, le *mort-né* est pris en compte de façon scripturaire et pratique : il peut être inscrit à l'état civil et sur le livret de famille, recevoir un prénom – mais en aucun cas un nom de famille ni une filiation* – être enterré dans la sépulture familiale ou, si les parents le souhaitent, une crémation peut être réalisée. Un médaillon en souvenir est alors placé dans la stèle transparente du Carré des Lumières, espace réservé par l'Assistance publique au cimetière de Thiais aux mort-nés où les parents peuvent venir se recueillir. Ces dispositions sont applicables au-delà de la quinzième semaine d'aménorrhée.

Dès lors, pour les interruptions volontaires de grossesse et les fausses couches ces *morts-nés* là en deçà de ces délais, sur quelles traces mémorielles la mère peut-elle s'appuyer pour exprimer son chagrin et faire le deuil de ce qui a été conçu mais n'a pas vécu ?

Voir aussi Deuil de maternité, Limbes.

Nativité

La nativité définit littéralement la « Naissance ». Ce terme ne s'emploie plus désormais que dans le langage ecclésiastique, pour décrire la naissance des personnalités éminentes et saintes, en particulier, celle de Jésus-Christ ou celle de sa mère la Vierge Marie*. Ainsi, Noël représente la fête du jour de la Nativité.

La naissance du Christ à Bethléem a fait l'objet de multiples représentations artistiques à partir du IVe siècle qu'on appelle Nativité. Celles-ci mettent le plus souvent en scène la Vierge Marie, l'Enfant Jésus, Joseph, des Bergers, des Anges et des Rois mages. Marie y est soit figurée assise portant le Christ sur ses genoux, ce qui traduit le caractère divin de la naissance, avec une femme n'ayant pas souffert lors de l'accouchement. Marie sera parfois représentée à genoux, dans l'attitude de l'adoration ou parfois encore allongée, offrant un caractère plus humain de la naissance.

La basilique de la Nativité, à Bethléem, en Palestine, est l'une des plus vieilles églises du monde, bâtie sur le lieu présumé de la naissance du Christ. Elle est inscrite au patrimoine mondial de l'Unesco en 2012 et constitue un site de pèlerinage.

Nid vide

Dolorès entre dans la chambre des garçons.

Elle y entre tous les matins à 7 heures *Debout Enrique, debout Manuel !* Elle l'a dit tous les matins pendant dix-huit ou vingt années. Vingt fois 365 bonjours. Soit 7 300 fois *bonjour* et *debout*, et ensuite les chaussettes, les slips, les habits propres et les pyjamas sales. Les machines, les petits déjeuners, soit 7 300 bols de chocolat multipliés par deux. Refaire les lits. Taper les oreillers. Les draps et les couvertures. Tirer, border. Ranger les chambres.

Sans compter les jours où il fallait refaire des tartines. Refaire des reproches ou des promesses, ou des gâteaux. Des paellas.

Des milliers de paellas.

Je ne décris pas l'esclavage, je décris la formation des habitudes. Le doux plaisir des gestes refaits sans y songer. Les gestes faits en pensant à eux.

La tête remplie de leurs visages. Le cœur inquiet. Le cœur bondissant quand ils rentrent le soir.

Sept mille trois cents fois : *ola*, comment c'était, aujourd'hui ? Sept mille trois cents et quelques non-réponses. Les garçons ne répondent jamais à ces questions de leur mère. Les filles non plus, bien sûr.

Dolorès entre dans la chambre des garçons qui n'y dorment plus depuis longtemps. Elle s'adresse à la Vierge qui veille sur la chambre. Elles se sourient.

Elle tapote les oreillers. Tire les draps. Borde un peu. Remet une petite photo à sa place sur la table de nuit de Manuel.

Les lits sont recouverts de dizaines de peluches. Surtout des ours, beaucoup de lapins, des singes aux bras déments, des lions.

Chaque année, Dolorès achète deux peluches pour ses fils qui sont partis depuis longtemps et les installe avec soin, avec religion.

Les gestes à vide qu'elle fait tous les jours calment son cœur troué. Entrer dans la chambre à 7 heures et ne pas dire *debout,* ni *bonjour* ni rien. Attendre le soir. Ne plus faire de paella.

Le mari de Dolorès est désespéré. Impuissant. Son amour se heurte à un mur de chagrin.

Nom de famille

Le « nom de famille » est apparu en France au XIIe siècle, la population s'accroissant, il n'était plus possible de distinguer les gens que par leur prénom. Au départ, pour distinguer une personne d'une autre du même prénom, on y associait le prénom de son père, par exemple : « Thomas de Pierre », ou encore de son lieu de résidence : « Thomas de Lisieux » ou par une singularité physique : « Thomas le Grand » et encore par son métier : « Thomas le Boucher ». C'est en 1539, sous François Ier qu'est édicté l'ordonnance de Villers-Cotterêts rendant obligatoire la tenue des registres de baptêmes, donc du nom de famille pour les catholiques. Seuls les nobles avaient un nom de famille héréditaire. Ce n'est qu'après la Révolution française que l'inscription sur les registres de l'état civil sera élargie à tous les citoyens sans distinction religieuse.

De nos jours, on peut donner à l'enfant d'un couple soit le nom du père, soit celui de la mère, soit les deux séparés d'un trait d'union avec la liberté, pour le couple, de mettre celui du père* ou de la mère en premier. En cas de désaccord, c'est l'ordre alphabétique qui l'emporte.

Un nom de famille n'est-ce pas toujours un nom d'un père ? D'un homme ? Même si l'enfant porte le nom de famille de sa mère, celui-ci était sans doute celui de son père à elle.

L'enfant vient au monde par le ventre* de sa mère et de la bouche de son père par le nom qu'il lui transmettra. Un nom de famille peut-être très commun, imprononçable, célèbre, honteux, connoté… L'histoire a montré qu'il a même fallu pour certaines personnes, à cause d'une trop grande lisibilité, changer de nom de famille pour éviter d'être déporté. Parfois, le nom de famille peut avoir des avantages, quand un aïeul y a laissé une trace brillante dans l'histoire ou au contraire, si la réputation est entachée, il y a une honte à porter ce nom.

« J'aimerais avoir un fils pour que ma lignée ne s'arrête pas ! » disait un homme en séance. Alors qu'une patiente pouvait dire : « Avec mes 6 filles, le nom de famille de mon époux va s'éteindre, c'est de ma faute et mon mari ne me le pardonnera pas. » Ou bien, chez une autre : « Ah je suis rassurée de ne pas transmettre mon nom de famille, je le déteste tellement ! »

Même si les systèmes d'attribution du nom sont des systèmes historiques et qu'ils assignent une identité à des sujets en fonction des rapports de filiation* qui prévalent, Michel Tort voit une inégalité manifeste dans la procédure de transmission* du seul nom du père qui sera « présentée comme une manière de parer à une inégalité plus profonde qui tiendrait au privilège féminin de la maternité. Inégalité de départ qui serait au fond celle de la domination féminine sur la procréation[1] ».

Nounou

Avant d'être « nounou », elle était nourrice, celle qui donnait le sein lorsque la mère n'avait pas assez de lait ou ne voulait tout simplement pas se prêter à cet exercice, le corps étant trop « populaire » pour les aristocrates. Aujourd'hui, faire allaiter son enfant par une autre femme serait impensable. Bien au contraire, certaines *career women* américaines renoncent à leur métier pour allaiter jusqu'à 3 ans leur progéniture. Quel retournement de situation !

La nounou continue à être une mère de substitution*, mais sans le corps à corps, faisant tout ce que la mère ne peut ou ne veut pas faire. Devoir, bain*, repas. Si elle sauve la vie des familles, et permet aux femmes aisées d'avoir une vie professionnelle, elle induit aussi une certaine culpabilité, voire un sentiment de rivalité. Il faut qu'elle soit de confiance, mais tout de même qu'elle ne remplace pas entièrement. Si elle devient trop indispensable, elle prend la porte. Mon enfant l'aime-t-il plus que moi ? Et mon mari ?

Mary Poppins (1964), *La Mélodie du bonheur* (1965) : des nounous qui sont là en lieu et place d'une mère absente (morte dans les deux cas) finissent par épouser le père. Et tout rentre dans l'ordre.

Les mamans elles-mêmes peuvent se reposer sur leur nounou, figure maternante faisant référence, celle qui donne

1. M. Tort, « Stratégies de l'attribution du nom », *Travail, Genre et Sociétés*, février 2002, nº 7.

des conseils, et rassure, calme les angoisses des jeunes mères face à leur nourrisson. Mais lorsque la nounou s'en va, c'est alors souvent un double traumatisme, vécu comme un abandon non seulement par l'enfant, mais par sa maman, redevenue enfant au moment même où elle doit assumer sa maternité.

L'envers de cette figure salvatrice est la méchante nurse qui va faire du mal aux enfants lorsqu'on est absent. L'usage de caméras de surveillance est révélateur de l'ampleur des fantasmes nés peut-être de la culpabilité des parents de confier leurs enfants à une autre.

Attachement, rivalité, crainte, réconfort, la « nounou » suscite bien des sentiments chez les mères… La relation à leur propre mère n'est pas bien loin.

Ogresse

Peu d'études osent aborder les pulsions cannibaliques de la mère, « louve et chienne », selon Marguerite Duras.

L'ogresse première est la mère, celle qui a droit de vie et de mort sur son enfant, celle qui, selon les théories sexuelles infantiles, a dévoré l'enfant qui est dans son ventre*, lequel en sortira comme un excrément, un *lumpf*. Les contes de fées la figurent sous la forme du loup déguisé en mère-grand, de la femme de l'ogre qui mange les enfants, de la marâtre* seconde femme du père, à la pomme empoisonnée. C'est la sorcière, la goule, Lilith, Baba Yaga.

La grossesse figure l'incorporation cannibalique du bébé par la mère, et les angoisses archaïques de dévoration portent sur la menace de réengloutissement dans le ventre maternel.

L'identification primaire, orale, cannibalique théorisée par Freud peut être conçue comme un premier mouvement psychique d'intériorisation de ce qui a été transmis par le psychisme maternel d'un enfant ne faisant qu'un avec elle et de son désir de prolonger cette complétude narcissique. Un vécu fusionnel, indifférencié, où dévorer et être dévoré, être la mère ou l'enfant, être et avoir ne se distinguent pas. « Je suis le sein », fantasme l'enfant.

Freud nous conte qu'un jour les frères chassés et hostiles s'associèrent pour tuer le tyran de la horde primitive et le dévorèrent tout cru. De là s'origine la première organisation de la société humaine. Le remplacement du choix d'objet par l'identification, théorise-t-il, se trouve dans la croyance primitive que les propriétés de l'animal ou de l'humain incorporé persisteront chez celui qui le mange et dans les interdits* fondés sur cette croyance. Cette croyance, au fondement du cannibalisme devenu un tabou dans la réalité, continue à agir dans la série des pratiques de repas totémiques, jusqu'à la Sainte Communion.

Le cannibalisme est aux origines de la vie. Du bébé, Winnicott dit que « son amour brûlant est un amour de garde-manger[1] ». L'orgie de la tétée est un festin cannibalique partagé. Mais qui dévore qui ?

L'enfant au sein* est un cannibale, insatiable, homosexuel et incestueux. Melanie Klein nous donne un bel exemple de la projection de son agressivité orale destructrice : un petit enfant désigne le sein de sa mère en train d'allaiter son petit frère et interroge : « Maman, c'est avec ça que tu me mordais ? »

Origine du monde

Nous ne savons en fait rien de définitif sur l'origine du monde. Les théories sur ses origines regroupent les mythes de la création, les théories religieuses attribuant l'acte de création à un être suprême et les théories scientifiques ou philosophiques contemporaines telles que le Big Bang, l'origine de la vie et la théorie de l'évolution.

C'est aussi le titre du fameux tableau de Gustave Courbet que possédait le célèbre psychanalyste Jacques Lacan et qui était dans sa maison de campagne, dissimulé par un autre tableau (une version surréaliste du tableau de Courbet), peint par André Masson son beau-frère. Le tableau, déjà scandaleux en son temps, reste à notre époque, et de

1. D. Winnicott, « La haine dans le contre-transfert », 1947, in *De la pédiatrie à la psychanalyse*, Payot, 1989.

façon incompréhensible, un tableau gênant et provocateur. En 2011, Facebook a supprimé le profil d'un internaute qui avait montré *L'Origine du monde* sur sa page d'accueil (son « mur ») ! Cette œuvre attire néanmoins de nombreux visiteurs au musée d'Orsay qui le possède depuis 1995. Sa reproduction en carte postale est la deuxième meilleure vente du musée d'Orsay après *Le Moulin de la Galette* de Renoir.

Il y a dans l'intitulé de ce tableau toute l'ambiguïté de cette terminologie. À l'évidence, les planètes, les animaux, les fleurs, les montagnes ne viennent pas du sexe de la femme peinte par Courbet. Mais l'origine du monde est souvent associée à l'origine de la vie, l'origine de l'homme.

En psychanalyse, c'est la relation primordiale, la scène primitive, origine de l'être humain, dont chacun possède un fantasme inconscient et qui va organiser sa relation au père* qui peut être vécu, pour certains, comme violent et dominateur. Car cette vision réelle ou fantasmée d'un rapport sexuel entre ses parents pourrait être interprétée comme une agression de la mère par le père.

Ovocyte, spermatozoïdes, fécondation

L'origine* du monde, scientifiquement parlant ! L'homme produira toute sa vie, à partir de la puberté, des spermatozoïdes. Les femmes, quant à elles, naissent avec un stock d'ovocytes qui va se dégrader de la puberté jusqu'à la ménopause. Des études très récentes laissent penser qu'il pourrait y avoir un certain degré de régénération des ovocytes, ce qui pourrait bouleverser les connaissances actuelles. La rencontre des ovocytes et des spermatozoïdes se passe dans les trompes et aboutit à la fécondation. Elle correspond à la pénétration de l'ovocyte par le spermatozoïde qui aboutit à la création de l'embryon. L'ovocyte et le spermatozoïde véhiculent les matériels génétiques du père* et de la mère qui se mêlent pour constituer le capital génétique du futur enfant.

L'ovocyte est la cellule clé de la grossesse. Son vieillissement est à l'origine de la baisse de la fertilité de la femme. Le don d'ovocyte* a été mis au point dans les années 1980 pour permettre à des femmes d'avoir une grossesse quand leurs ovaires ont été retirés ou détruits. Le don* d'ovocytes a été utilisé chez des femmes de plus en plus âgées. L'utilisation de l'ovocyte d'une femme jeune permet ainsi d'obtenir une grossesse chez des femmes quel que soit leur âge. Le record est indien, avec une femme enceinte* à 70 ans.

Dans le film de Woody Allen *Tout ce que vous avez toujours voulu savoir sur le sexe (sans jamais oser le demander)* (1972), les spermatozoïdes sont représentés comme prêts à une compétition pour atteindre l'ovocyte dans les trompes. De fait, l'ovocyte est entouré de centaines de spermatozoïdes qui se fixent sur sa paroi. Un seul d'entre eux pénétrera l'ovocyte pour former l'embryon.

La fécondation *in vitro* permet depuis 1978 de réaliser l'étape de la fécondation au laboratoire chez les couples où cette rencontre était impossible. Cette découverte anglaise a été couronnée du prix Nobel de médecine en 2010 attribué aux professeurs Robert Edwards et Patrick Steptoe, tous deux décédés aujourd'hui. Dans certains cas, la fécondation ne peut pas se faire, même *in vitro*. En 1992, l'ICSI *(intra cytoplasmic sperm injection)* a permis de réaliser une fécondation assistée, en injectant directement dans l'ovocyte un spermatozoïde. Cette technique a permis de résoudre un grand nombre de cas de stérilité d'origine masculine.

Père

Mater certa est. Mais le père ? *Pater incertus*, dit-on. Alors, il nous faut le construire.

Freud nous conte l'histoire d'un père des origines, chef de la horde primitive, mis à mort et dévoré par ses fils. Il ne s'agit pas d'un père, mais d'un tyran, omnipotent et omnijouissant, sans foi ni loi, qui s'accorde toutes les satisfactions et tous les pouvoirs sur les femmes, les fils et les filles.

Ce sont les frères regroupés qui auront la mission de construire le père, la famille et le social structurés par les tabous fondamentaux que sont l'inceste, le parricide et aussi le cannibalisme.

Le père c'est « celui qui possède sexuellement la mère », dit Freud. Ce père, bien loin de l'image du chef de la horde, est celui qui a fait le choix d'une femme à qui il donne un enfant, et dont il redeviendra amant. La mère redevenue amante peut alors transmettre à l'enfant qu'il n'est pas abandonné en tant qu'objet de phobie, de haine ou de dégoût, mais parce qu'il existe un autre de son désir. Le bébé peut alors créer ses premières opérations psychiques, l'hallucination de la satisfaction et les premiers autoérotismes.

Le corps de la femme, particulièrement sa chair, est sollicité érotiquement à la fois par son amant et par son bébé. Le bébé de la nuit, porteur des fantasmes incestueux, alterne avec le bébé du jour qui recueille la tendresse maternelle. Chez celle qui l'a logé en son corps, qui l'a façonné avec sa chair, et plus encore si elle le nourrit de son sein*, les émois sexuels peuvent se transmettre de corps à corps, de chair à chair.

Ce n'est pas le cas du père amant. S'il a une relation avec l'intérieur du corps de sa femme, quand il plonge dans sa chair, avec le bébé il n'entrera en contact qu'avec son corps, pas avec sa chair. L'enfant restera toujours un objet externe. La mission du père peut consister à limiter la folie maternelle, à tempérer le maternel sauvage.

Le père œdipien, à l'opposé du tyran de la horde, sera porteur non des tabous qui restent dans le domaine archaïque du sacré et de la terreur, mais des interdits* organisateurs et structurants. La fonction paternelle, symbolique, lui permet de séparer l'enfant de sa mère et de le faire entrer dans le monde social.

PLACENTA

Le placenta est un organe fœto-maternel autonome et transitoire qui a pour principal rôle de permettre l'échange des substances contenues dans le sang de la mère et celui du fœtus, apporté par des canaux différents, sans jamais les mettre en contact direct. Ainsi, le placenta permet d'apporter à l'embryon nutrition et oxygénation tout en évacuant les déchets (dioxyde de carbone, urée).

Ces substances traversent la membrane, qui constitue une barrière efficace contre certains agents pathogènes. En revanche, les drogues, l'alcool, mais aussi les virus et certains parasites peuvent franchir ce filtre et provoquer, dans certains cas, des malformations fœtales. C'est un organe qui est à l'interface de plusieurs sujets de biologie. On peut noter par exemple qu'il n'est pas rejeté par la mère, alors que sur le plan immunologique il devrait l'être. Il s'implante très profondément dans le tissu maternel, « comme une tumeur », mais c'est une invasion contrôlée.

À terme, le placenta humain a une forme arrondie ou ovalaire dont le diamètre moyen est d'environ 22 cm. Son poids est d'environ 450 g, son épaisseur est d'environ 2,5 cm au centre du disque placentaire, sa surface totale d'échange est de 14 m^2 et le réseau sanguin long de plusieurs kilomètres. Ce gâteau placentaire – placenta signifie « gâteau » en latin – va être expulsé naturellement par la mère dans les trente minutes qui suivent l'accouchement, phénomène connu sous le nom de délivrance. Dans certaines sociétés, le placenta, considéré comme un organe vital pour la survie fœtale, véritable « jumeau » de l'enfant avec qui il a tissé des liens spécifiques au cours de la vie *in utero*, sera enterré dans un terrain familial signant l'appartenance et l'ancrage de l'homme à la terre.

Les propriétés des synthèses hormonales, d'endorphines et de protéines ont dès le Moyen Âge suggéré des propriétés nutritionnelles, galactogènes ou médicinales de cette galette placentaire. Dès lors s'est développé le concept de placentophagie, qui permettrait de profiter des vertus magiques de cet organe. Ainsi, dans certaines populations, le placenta est préparé et mangé cérémonieusement par la famille du nouveau-né.

Depuis la loi sur la bioéthique du 7 juillet 2011, le placenta n'est plus considéré comme déchet opératoire et ne va plus directement au crématorium, mais bénéficie du statut de greffon avec la possibilité de prélever des « cellules du sang de cordon* et du sang placentaire ainsi que les cellules du cordon* et du placenta » en vue d'une future utilisation. C'est un réservoir et un berceau de cellules immortelles, les cellules souches.

Post-partum et dépression

Il n'y en avait que pour elle, il n'y en a plus que pour lui… Le passage de femme enceinte* à mère de nouveau-né bouleverse l'ordre du monde ; et quand on s'interroge sur les sources de la dépression qui emporte la jeune maman, au-delà du léger baby blues*, le sentiment est plus celui de l'embarras du choix que de la perplexité. Depuis les modifications hormonales et leur influence sur l'humeur jusqu'à la crainte coupable de manquer au commandement : « Tu seras une bonne mère ! » en passant par la fatigue, le ventre* flasque, le sommeil perdu, le débordement des tâches, le compagnon qui fait risette au bébé et la délaisse, l'ingrat impitoyable qui crie et n'en a jamais assez… autant de « bonnes raisons » qui semblent faire de la dépression une réaction « naturelle ». On est évidemment loin du compte. Le dépressif ordinaire, et non plus post-partum, celui que la tristesse accable, pour qui la vie n'est que grisaille, quand il n'est plus rien qui vaille, celui-là réalise par son état végétatif un fantasme qui n'est pas sans lien avec celui de la jeune mère effondrée : replié sous la couette en position fœtale et « biberonnant » sa bouteille de whisky, il met en scène un retour à la vie d'avant la vie, dans la chaleur et l'immobilité du giron maternel, quitte à ce qu'entre le ventre* et la tombe l'écart se fasse très ténu. La dépression post-partum suppose que la douleur de la perte l'emporte sur la joie de donner vie. Le dépressif est un enfant *perdu*, la mère déprimée *perd* l'enfant qu'elle met au monde.

Toute dépression est une « maladie de la mort », installe quelque chose de mort (« Attendre jusqu'à ce qu'il n'y ait plus rien à attendre », Georges Perec) au sein même de la vie. Qu'une *naissance*, l'arrivée de la vie, puisse provoquer un tel état est évidemment un paradoxe, mais le paradoxe, celui par exemple qui fait que l'on ne hait que ce que l'on aime, est le régime de croisière de l'inconscient.

Comme toute dépression, la dépression post-partum renvoie toujours à une histoire singulière, même si « perte » et « mort » en sont toujours deux significations constitutives. De quel désir (ou non-désir) le nouveau-né est-il l'accomplissement, quel vécu de la grossesse (celui d'être parasitée par un corps étranger ou, au contraire, d'être enfin

« entière »), quelle place le nouveau venu prend-il dans l'enfilade des générations, de quel fantôme est-il l'incarnation, de quelle ambivalence vis-à-vis de sa propre mère la jeune femme accouche-t-elle… Côté inconscient aussi, il n'y a que l'embarras du choix. La dépression post-partum est à la fois une souffrance et la réponse (pathologique) trouvée au conflit psychique qui déborde ce que le moi peut supporter. À la fois la maladie et son traitement.

Prématuré

Il faut neuf mois pour finir un bébé humain. Seize jours pour un bébé hamster. Seize mois pour un girafon ou un bébé morse.

Et six cent soixante jours pour parfaire un éléphanteau.

Sinon, il manquera un cil ou un doigt ou un ongle, me disais-je.

Enceinte*, je pourvoyais l'enfant à venir en quartiers de clémentines, en huile de foie de morue, en petits cubes de gruyère, afin qu'elle ne manque de rien. Je mange pour toi, disais-je, prends ton temps, disais-je. Sois patiente. Rien ne presse. Après on ne cesse plus d'être bousculée.

Et sans cesse, je pensais aux 12 garçons transformés en cygnes du conte d'Andersen. Leur sœur-mère leur tisse des tuniques d'ortie pour qu'ils puissent redevenir humains. À la fin, il lui manque de quoi vêtir de jersey d'ortie l'aile du dernier cygne. Image pour moi de l'enfant prématuré. Pas fini et jeté sans protection dans le vaste monde.

J'ai été ce bébé né trop tôt, un bébé que l'on n'attendait pas si tôt. Un bébé que l'on n'attendait peut-être pas du tout. Ma naissance prématurée a mis en évidence ce qui ne devait pas être étalé au grand jour : mes parents m'avaient conçue avant que de se marier. *Shame on them*. Aujourd'hui, cela ne fait plus chaud ni froid à personne. À l'époque, c'était mauvais genre.

Je l'ai toujours su, donc on me l'a toujours dit : j'étais minuscule et rien n'était prêt. Cela rend, je crois, timide. On sait ce que cela veut dire de déranger.

On sait aussi ce que cela veut dire d'avoir froid.

Les bébés prématurés dans les maternités ont l'air plus seuls que les autres et frigorifiés. Il leur manque un peu de temps – une minute encore M. le bourreau – pour prendre leur élan.

Les bébés prématurés ont de petits bonnets plus chauds que les autres, des lainages autour de leurs minuscules pattes rouges et arquées. Ils sont emballés comme des pots de miel, ils ont des airs crispés, et le bout du nez bleu.

Résolus et déterminés, ils savent depuis toujours que la vie, ce n'est pas toujours rose.

PRÉOCCUPATION MATERNELLE PRIMAIRE

C'est le pédiatre anglais devenu psychanalyste, Winnicott, qui créa ce concept important à partir de sa vaste expérience des bébés. Il décrivit l'état réceptif très spécifique de la mère qui vient d'accoucher et se trouve, pour quelques semaines, entièrement absorbée par son bébé qui compte plus que tout. Ce dévouement a débuté pendant les dernières semaines de la grossesse et pourrait passer pour pathologique, voire schizoïde, car il isole la mère du reste du monde et de son mari lui-même, dont la seule fonction est alors de protéger ce que Margaret Malher a nommé « relation symbiotique ». L'instinct animal n'est pas seul en cause, car pour que les facteurs constitutionnels se manifestent, l'entourage doit être adapté.

L'hypersensibilité de la mère lui permet de s'identifier à son bébé, de satisfaire ses besoins corporels, d'assurer un continuum à l'intérieur duquel l'enfant perçoit progressivement ses sensations tandis qu'il construit un moi qui reconnaîtra plus tard une mère dispensatrice de satisfactions. Une autre personne très compétente peut réussir à prendre en charge ce moment de vulnérabilité où la dépendance de l'enfant est absolue.

Le bon déroulement de ce temps primitif est d'une importance capitale pour la vie entière du sujet. Mais certaines femmes ne supportent pas ce rôle. Alors, les carences retentissent sur le bébé non comme frustration d'un besoin, mais comme menace d'annihilation. Le sentiment continu d'exister manque à l'enfant, le « self » ne s'organise pas, et le sentiment du réel est absent. Devenu adulte, il peut souffrir d'une impression d'inutilité et développer un « faux-self » qui se conforme aux demandes selon un mécanisme de défense très primitif, bien difficile à remanier. C'est préventivement que l'auteur a voulu insister sur la nécessité de favoriser la préoccupation maternelle dont dépend l'avenir du sujet. Mais ne pourrait-on pas revenir ici au simple instinct* maternel si caractéristique du vivant ?

(RE)NAISSANCE

Aurore est une jeune femme en analyse. Depuis plusieurs semaines, elle manque la plupart des trois séances hebdomadaires, tout juste fait-elle une apparition de quelques minutes à l'une d'entre elles. Son angoisse, sa détresse plutôt, s'imprime sur son visage livide. Une angoisse sans mots, Aurore ne sait rien dire de ce qu'elle vit. Ses rêves pourraient sans doute en dire davantage, sauf que l'obscurité de la nuit emporte la possibilité de leur récit. Son psychanalyste *l'attend*. Étrangement, il ne peut rien faire d'autre que l'attendre pendant les quarante-cinq minutes de son absence. Le désespoir de sa patiente le contamine, il craint qu'elle ne disparaisse, mais, sans pouvoir en rendre compte, se fiant à une intuition silencieuse, il est porté par la conviction qu'il est vital *d'attendre*. Au bout d'un « certain » temps, une durée aussi imprécise qu'elle parut interminable, la psychanalyse reprit son cours. Ce n'est qu'un an plus tard, au gré des rêves et des associations, que cette séquence mystérieuse prit enfin sens. Ce qui semblait un temps indéterminé avait en fait duré très exactement deux mois, commençant à la date anniversaire de la naissance d'Aurore pour se terminer à la date qui aurait dû la voir naître… si elle n'avait pas été prématurée. Deux mois où le transfert avait paradoxalement répété ce qui n'avait jamais eu lieu : une mère ayant la patience d'attendre jusqu'à terme que son enfant naisse à l'heure où il est bon de naître, au lieu de s'en délivrer prématurément. Deux mois d'une obscurité insondable, avant la sortie du tunnel et la découverte de la lumière du jour.

Les patients *borderline*, chez lesquels l'angoisse de séparation est portée à son comble, rendent particulièrement sensible qu'il n'est d'expérience humaine, aussi élémentaire soit-elle, comme *naître*, qui ne participe (aussi sinon seulement) d'une psychogenèse. Il ne suffit pas d'être « mis bas » pour naître, pour *être*, encore faut-il *être attendu*. « Séparation », comme « parent » ou « primipare », dérive du latin *parere*, « faire naître ». D'où peut venir l'assurance que la naissance sépare, qu'elle donne la vie, qu'elle crée un être bientôt autonome et qu'elle ouvre sur une histoire originale ? La vie elle-même n'est pas donnée à tout le monde, « pour changer de vie encore faut-il en avoir une ».

Dans de telles configurations, la psychanalyse vire à l'obstétrique, donnant de la disposition des lieux (c'est par la tête que le patient est le plus proche de l'analyste dans son fauteuil) une image inattendue. On n'apprend pas seulement à marcher, à parler… Il faut d'abord apprendre à naître, à vivre…

Règles

C'est le fil rouge du sang des femmes qui terrorise, fascine, répugne, émeut. Le passeport du passage à la maturité féminine, procréatrice. Ce sang cyclique croît et décroît à la manière des visages de la lune, fluctue à la façon des marées, des saisons, des moissons… On le nomme le « climatère ».

« J'ai vu », disent certaines femmes désignant ainsi l'apparition des règles. Les mères giflaient autrefois les filles lors de ce premier sang. Claque initiatique ? Vindicte de la reine mère détrônée ?

Le « voir » des premières règles prend les colorations d'un prisme, selon le message transmis par la mère : celui d'une promotion, d'une assomption de la féminité ou d'une malédiction inhérente au destin féminin. « Le flux menstruel est une malédiction qui se transmet de fille en fille », proclame la Bible.

Ce sang ne peut être qu'impur et maléfique, car il condense tous les dangers et les tabous : le sang de la vie, le sang du sexe, le sang de la mort. La femme menstruée est réputée corrompre la viande, faire tourner le lait et les sauces, aigrir le vin, gâter les salaisons du beurre et des viandes, détruire le miel.

Les hommes ont alors créé des mythes et des rites destinés à exorciser et à contrôler le maléfique féminin. Des rites sociaux d'isolement, des rites médicaux d'expulsion, des rites religieux de purification. Il y a un parallélisme des rituels* qui entourent les menstruations et la mort.

Le « voir » peut être affecté de honte, lorsque la souillure, la « tache » qui trahit signent la confusion du sang menstruel et de l'excrémentiel, dans ce lieu désigné par « cloaque ». La nécessité de dissimuler les menstrues les a dotées, au XVIe siècle, du terme de *catimini*, cousines linguistiques de la « chattemite », de l'hypocrisie.

Le « voir » est l'enjeu, exigé par le contrat d'honneur familial, d'un certificat de virginité. Les draps suspendus au balcon de la chambre nuptiale rendent visible un acte de défloration bien accompli. Vive le pénis triomphant ! Le « voir » est affecté de déception en cas d'une grossesse souhaitée ou de soulagement si elle n'est pas désirée. Le « voir » du sang d'un avortement laisse des traces douloureuses. Le corps a sa mémoire. Le « ne plus voir » de l'advenue de la ménopause est vécu comme un naufrage, une « castration blanche » ou comme une délivrance.

Enfin, le « voir » des règles est peut-être une récupération par le visible de l'invisible du sexe féminin et de son irreprésentabilité.

Relevailles

L'accouchement qui laisse le corps de la mère en proie à un écoulement sanguin et séreux la rend, dans toutes les cultures, impure et corruptrice – tout comme si elle avait ses règles* –, aussi est-elle frappée d'enfermement et d'interdits* pendant une période variable selon l'époque, les coutumes et les sociétés.

En France chrétienne traditionnelle, l'accouchée ne doit avoir de contacts ni avec l'extérieur, car elle est contaminante, ni toucher les objets utilitaires autour d'elle de peur de les corrompre : elle est recluse chez elle et ne doit s'occuper que de son nouveau-né. Ce n'est qu'après avoir été « relevée » de ses couches par un rituel approprié – d'où le nom de « relevailles » donné à cette cérémonie – que la mère est réintégrée dans toutes ses fonctions familiales et sociales. La cérémonie se déroule à l'église où la mère se rend seule, accueillie par le prêtre qui lui présente un cierge allumé symbole de la pureté retrouvée, puis l'asperge d'eau bénite qui la lave de la souillure et de la corruption dont son corps est imprégné. Cette cérémonie a lieu quarante jours après l'accouchement à l'exemple de la Vierge qui alla au temple au 40e jour après la naissance de Jésus. Le même laps de temps est observé tant chez les Hébreux qu'en Islam, et même si les gestes de purification et de réintégration diffèrent, ces rituels visent avant tout le corps de la femme dans lequel un enfant a en quelque sorte « fermenté » et qu'il convient d'assainir après l'enfantement afin qu'il redevienne fécond.

Dans toutes les sociétés, la délivrance de la mère donne lieu à l'observance de rituels* particuliers pour autant que la naissance est considérée comme un moment dangereux où vivants et morts se côtoient et où le nouveau-né, perçu comme inachevé, doit être spécialement protégé afin que son « âme » ou son « souffle » ne le quitte pas. Dans certaines cultures, le père*, comme la mère, doit observer des restrictions d'activités et des interdits sexuels ou alimentaires, avant ou après la naissance, afin que son enfant puisse se construire harmonieusement.

Retour à la maison

Rome n'est plus dans Rome, la maison n'est plus la maison. Quand la jeune accouchée repasse pour la première fois le seuil de la porte, de retour de cette aventure difficile à raconter, elle éprouve un sentiment d'étrangeté. Tout est pareil, le fauteuil, la cuisine, le lit, mais elle ne sait plus rien faire.

Revient le sentiment qui l'a étreinte quand on l'a laissée seule avec son bébé pour la première fois et qu'elle a été saisie par l'infinie étrangeté de la situation.

Il y a quelqu'un là où il n'y avait personne. Et ce, pour toujours.

Tout le monde alentour semble penser qu'elle y est pour quelque chose et qu'elle connaît la suite de l'histoire.

Je me souviens du couffin trop lourd, de la valise, comme un retour de vacances, mais il y avait le bébé, désormais et pour toujours. Et tous mes gestes en étaient transformés. Précautionneux et terrorisés, comme ceux d'une personne prise de vertige sur un chemin de contrebandiers.

Nous lui avions préparé une chambre, mais pas trop pour ne pas provoquer le destin. Les amis avaient prêté des trucs, il faut tellement de choses pour accueillir un bébé. Une table à langer et une baignoire, des habits, un landau, tout le monde le sait. Des chaussons tricotés. De la biafine et du mitosyl. Des lingettes. Des chaussons en laine rose et blanche. Un petit bonnet.

La maison est beaucoup plus vide et silencieuse que l'hôpital. Tout le monde reprend sa vie habituelle, sauf nous, le bébé et moi. On se regarde, on est intimidées.

Je me dois de la prévenir que, comme la plupart de mes semblables primipares, je ne sais rien faire.

Je serais bien restée plus longtemps à l'hôpital.

Ou alors j'aurais bien aimé y retourner la nuit.

Car la nuit, j'erre dans l'appartement. Je me penche mille fois sur le berceau où le bébé respire trop doucement pour que j'entende son souffle de mon lit. Je la réveille pour être sûre que tout va bien et tout va mal, parce que alors elle pleure.

Je la rendors laborieusement, je ne me rendors pas, ma nouvelle vie est commencée.

Retour de couches

Le retour de couches correspond à la reprise de la menstruation après l'accouchement. Le terme « couche » provient de l'ancien français *culche*, déverbal de *coucher*, du bas latin *collocare*. Le sens propre et ancien d'accoucher ou, comme on disait aussi, de s'accoucher, signifie se mettre au lit. Comme la femme se met au lit, se couche pour enfanter, le préliminaire a été pris pour l'acte même, exactement comme si, sous prétexte qu'on s'assied pour manger à table, s'asseoir avait pris le sens de manger.

Accoucher n'a plus signifié qu'une seule manière de se coucher, celle qui est liée à l'enfantement, et ce sens restreint a tellement prévalu que l'autre, le général, est tombé en désuétude.

Le retour de couches, par réapparition des règles*, signe la reprise de la fonction des ovaires et plus généralement du potentiel de fertilité. D'un point de vue biblique, il correspond à une phase où, n'ayant plus de lochies, les saignements vaginaux dans les jours ou semaines suivant l'accouchement, la femme, redevenue pure, peut retourner coucher avec son mari. Le retour de couches physiologique survient en général à partir du 45e jour qui suit l'accouchement. L'allaitement* maternel, en stimulant la production de prolactine, va induire une « mise au repos » de l'axe gonadotrope et par conséquent une aménorrhée. Le retour de couche n'apparaîtra dès lors que le sevrage de l'allaitement maternel sera réalisé. Les femmes désireuses de reprendre une contraception dans le post-partum pourront également voir leur retour de couches artificiellement repoussé.

Rituels

Grossesse et naissance s'accompagnent partout de rituels. Temps dangereux : rituels prophylactiques. Temps heureux : rituels propitiatoires. Temps de malheur : rituels d'éloignement. Et toujours, la nécessité d'intégrer le nouveau-né dans la société.

Ils sont sous-tendus par des conceptions culturelles de l'identité, de la procréation, des substances et des humeurs du corps. Certains concernent la mère. L'accouchement, accompagné de pertes de sang, est censé représenter pour elle une très forte déperdition de chaleur, donc de vie. On la compense par des rituels de réchauffement, dans des pièces closes, près d'un feu, sous des couvertures, avec des bains réguliers à l'eau très chaude. On écarte d'elle les femmes qui ont leurs règles*, en Afrique de l'Ouest, car ces femmes attireraient à elles par osmose ce qui lui reste de sang, ou des femmes enceintes qui, à l'inverse, risqueraient par osmose de perdre de leur chaleur et d'avorter.

Les plus importants rituels touchent le nouveau-né et son intégration dans la société. L'eau lustrale, les onctions, le sel, le lait en sont souvent les vecteurs. Le baptême* est ainsi, en Occident chrétien, un rituel d'agrégation à la communauté des chrétiens et à la société particulière qui y est adossée. Toute la famille peut y assister. Avec le baptême vient la dation publique du nom*, où l'enfant est reconnu dans son individualité mais aussi inscrit dans une histoire familiale et une parentèle. Dans la Rome antique, le *pater familias* acceptait rituellement l'enfant en le soulevant dans ses bras et en le montrant publiquement. Sinon, il était exposé au bord des chemins.

La dation du nom intervient rarement à la naissance proprement dite, contrairement à ce qui se passe dans les temps contemporains et les sociétés modernes où le prénom fait l'objet de discussions antérieures et où, naguère, il dépendait de l'histoire familiale (je porte les prénoms de mon grand-père paternel et de mon parrain). Ailleurs, on trouvera des situations voisines, où le premier prénom de l'enfant est une sorte de numéro d'ordre de naissance par rapport au nom lignager, chaque lignage possédant son corpus de noms individuels selon l'ordre de naissance par rapport à un homme. Mais un individu possède divers noms, qui lui seront attribués à différents moments de sa vie, rituellement ou non. Un enfant n'est définitivement nommé que s'il survit au sevrage et, plus tard, aux dangers de l'adolescence. Noms publics ou privés, profanes ou secrets, tous correspondent à des inscriptions sous des facettes particulières de ce qui sera son identité d'adulte.

On observe des rituels particuliers d'éloignement lorsqu'un enfant naît après plusieurs morts. Pour éloigner de lui les entités malveillantes, la mère s'en sépare souvent ostensiblement en le remettant à un autre et en le reniant. La personne le lui confie en retour comme nourrice : on coupe le lien social pour la santé physique en espérant leurrer les entités nocives de l'au-delà. Dans le même registre, on coupe parfois un petit bout de l'oreille de l'enfant mort-né* pour être sûr de le reconnaître quand il reviendra, et pouvoir accomplir à temps le rituel d'éloignement.

Pour les enfants qui vivent dans des sociétés traditionnelles, des rituels les associent à des puissances particulières qui sauront les protéger au cours de leur vie (des lieux sacrés, des autels, des objets, comme chez nous des fontaines, des arbres ou des saints...).

ROBE DE GROSSESSE

Elle avance silencieuse et céleste.

Elle sait qu'elle porte en elle un fardeau précieux.

Finalement, elle a cédé à la pression de son corps, à la force de la poussée immuable de son ventre*, elle a abandonné ses pantalons et ses ceintures trop serrés.

Elle veut faire exploser les coutures, laisser *toute* sa place au bébé à venir.

Elle s'est décidée, elle a déposé les armes et a accepté l'épanouissement de son désir : une robe de grossesse s'impose.

Elle court vers la première boutique qui a créé des robes de future maman enfin glamour.

Elle choisit une robe légère qui s'enfile comme un pull, fendue sur les côtés, lui moule le haut du corps, esquisse la ligne des fesses, avec sur le devant une fermeture éclair qui trace du pubis jusqu'au nombril comme une ligne de vie !

En quelle couleur attendre son enfant ?

Elle oserait bien celle en noir *puisque pour elle* le noir n'est jamais noir.

Elle la choisit verte, de ce vert infini, couleur des steppes, de l'histoire familiale, d'un espace ouvert vers un horizon de bonheur.

Elle respire enfin...

Elle se souvient que Mme de Montespan a inventé la « robe battante[1] », aussi nommée « Innocente », « parce qu'elle rend à la mère un air de jeune femme », dissimule la grossesse « sous une corolle de tissu qui la fait ressembler à une fleur »[2].

1. Élizabeth-Charlotte duchesse d'Orléans, *Mémoire sur la cour de Louis XIV et de la Régence*, Ponthieu, 1823.
2. Gustave-Joseph Witkoswski, *Anecdotes sur les accouchements*, G. Steinheil, 1892.

Aujourd'hui, c'est l'inverse.

Il faut que l'on sache que l'on est enceinte* ! Afficher son ventre*, ne plus le cacher.

Montrer au monde entier qu'on est fière et joyeuse d'afficher qu'on est *la future mère d'un enfant, riche de la promesse d'autres à venir.*

Sarah, ou la grossesse tardive

Rachi dit de Sarah qu'elle est « aussi belle à 100 ans qu'à 20 ans et qu'à 7 ans ». Sarah, qui est stérile, offre sa servante égyptienne Agar comme femme à Abraham pour avoir par elle des enfants. Agar donnera naissance à Ismaël.

Lorsque Sarah a 90 ans, Dieu établit son alliance avec Abraham qui a 99 ans. Il promet à Sarah qu'elle enfantera dans un an Isaac par lequel passera l'alliance. Isaac naît. Alors qu'on fête le sevrage d'Isaac, Sarah demande à Abraham de chasser Ismaël pour qu'Isaac n'ait pas à partager l'héritage avec son demi-frère. Abraham en est contrarié, mais Dieu lui dit de toujours écouter Sarah, car l'alliance passe par Isaac. Il chasse alors Agar et Ismaël.

La mère la plus âgée que l'on connaisse dans le monde depuis Sarah est une Indienne, Omkari Panwar, qui a donné naissance en 2008 à des jumeaux, un garçon et une fille, à 70 ans. Certains, remettant toutefois en question la véracité de l'âge de celle-ci, retiennent, comme cas authentifié de la mère la plus âgée du monde, celui de l'Espagnole Maria del Carmen Bousada de Lara, dite « Carmela Bousada », mère en 2006 à l'âge de 67 ans de deux fils jumeaux. Ses enfants ont été conçus par FIV avec don* d'ovocytes. La plus âgée authentifiée à avoir conçu naturellement sans recours à la PMA est, selon le *Livre Guinness des records*, la Guernesiaise Dawn Brooke, mère à 59 ans en 1997.

Avoir un enfant la quarantaine passée. Voilà un phénomène qui est l'objet de discours, notamment médiatiques, parfois alarmistes et souvent simplificateurs. Loin du cliché de la femme battante, cadre et surinvestie dans son travail au point d'en oublier de faire des enfants, la réalité de la parentalité tardive est diverse et plurielle. Prolongation de la jeunesse, recompositions familiales, technologies de la procréation, nouvelles manières de vivre en couple sont autant de transformations sociales qui conditionnent aujourd'hui le désir* d'enfant et le moment de le concrétiser. Notre plus grande liberté de choix n'a pas fait disparaître toute forme de contrainte. Bien au contraire, de nouvelles normes se déploient, parfois contradictoires. Les atermoiements portant sur le choix du conjoint s'amplifient à mesure que la figure du partenaire conjugal se dissocie de celle du parent. Il faut beaucoup de temps pour trouver la « bonne personne ». Faire carrière, être avec quelqu'un, avoir des enfants, les éduquer : autant de normes qui s'articulent plus ou moins facilement, et plus ou moins vite, amenant certaines personnes à se mettre en couple tardivement, d'autres à ne pas rester longtemps en couple sans avoir d'enfants et les derniers enfin à refaire famille sur le tard…

Scène primitive médicalement assistée

Les nouvelles techniques de procréation ont produit un bouleversement psychique qui s'accompagne de représentations parfois dignes de celles de la science-fiction.

Ne supportant pas incertitude et nouveauté, les détracteurs de l'insémination artificielle par donneur (IAD) ou de la fécondation *in vitro* (FIV) projettent le passé connu sur ces progrès techniques. Ainsi l'IAD serait un adultère et la FIV, qui ne modifie pourtant pas la filiation*, une attaque portée à la (mère) Nature. Les enfants de la FIV, conçus dans un tube à essai, seraient privés du fantasme de scène primitive sexuelle. L'immixtion du médecin qui effectue le geste fécondant empêcherait ainsi le symbolique de jouer son rôle structurant. Cette scène primitive « à trois » serait donc inacceptable et aurait des conséquences pathogènes : des enfants à l'« inconscient vide », des enfants psychotiques. Juste punition d'un médecin qui se serait arrogé des prérogatives divines et se comporterait comme un apprenti-sorcier.

On voit que l'imagination a pris le pouvoir.

Des millions de naissances ont prouvé l'inanité de telles prévisions pessimistes. Elles refleurissent pourtant aujourd'hui avec la perspective de procréations médicalement assistées (PMA) dans l'homoparentalité*. Trente ans après les premières FIV, les fantasmes de perversion aux effets monstrueux restent actifs. Ils véhiculent encore l'idée que les nouveaux modes d'engendrement, médicalement assistés, pourraient modifier l'espèce humaine par disparition des pères. Or de nombreuses études américaines ont par exemple prouvé que les enfants des couples lesbiens nés depuis quelques dizaines d'années n'étaient pas tentés par l'homosexualité et étaient psychiquement semblables aux autres.

Secret des origines

Qu'ils soient adoptés nés sous X ou venus de l'étranger, ou encore conçus grâce à un don anonyme de gamètes, ils vivent sans mention de leurs origines. Certains de ces enfants, un jour ou l'autre, sont taraudés par la question de savoir de qui ils viennent, quelle histoire a été la cause de leur abandon ou quelle motivation généreuse ou intéressée est à l'origine du don qui les a fait naître.

Pour remédier en partie à ces interrogations, l'État français a créé, mais seulement pour les enfants nés sous X sur son territoire, le Conseil national pour l'accès aux origines personnelles[1]. Il s'agit d'un dispositif qui permet à l'enfant issu d'une grossesse clandestine d'avoir accès aux renseignements que sa mère a laissés à son intention, si elle a désiré consigner ceux-ci. Cet accès aux origines personnelles est, rappelons-le, sans effet sur l'État civil ou la filiation* de l'enfant, mais permet dans les cas où elles sont voulues des deux côtés, d'éventuelles « retrouvailles » maternelles.

Pour les adultes issus de dons de gamètes ou d'embryons, il en va autrement, l'anonymat reste, en France, la règle légale, rien n'est prévu pour leur permettre d'accéder à leurs origines. L'association Procréation médicalement anonyme (PMA) fondée en 2004 par le docteur Pauline Tiberghien œuvre pour ce droit. Dans quelques pays qui ont aussi fait le choix des dons anonymes, une stratégie a été mise en place

1. Le CNAOP a été créé par la loi du 22 janvier 2002.

par les donneurs et les receveurs qui consiste à déposer en ligne leur formule ADN et ainsi de pouvoir, s'ils le souhaitent, se rencontrer.

Toutefois, ces substituts, très ou trop régionalement marqués, n'empêchent pas de s'interroger sur le bien-fondé de la règle de l'anonymat en matière de dons de gamètes. En n'importe quel pays existe toujours un organisme qui conserve et archive, « sorte de coffre-fort généalogistes-gérants-du-secret », et qui en sait plus que les demandeurs sur leurs origines qui eux sont amputés de la connaissance élémentaire et fondamentale d'une partie de leur histoire. Quel que soit le cas de figure, toujours quelqu'un sait !

Sein maternel, sein érotique

Un médecin du XVIIe siècle déclarait qu'un « téton ne saurait être à la fois juteux et charnu ». Et pourtant, sein de mère et sein de femme, qui tous deux « évoquent à la fois la faim et l'amour », selon Freud, ne demandent qu'à être mordus, sucés, pétris, dévorés. Quoi de plus appétissant !

Cet enjeu érotique entre mère et enfant reste la proie d'un refoulement, souvent requis quand, au cours de l'allaitement*, la voracité de la bouche du petit ogre au sein provoque des contractions utérines chez la mère, mais aussi lorsque le père, redevenu amant, s'avise de téter les seins de sa femme allaitante !

Un double tabou primaire les sépare : celui de l'inceste, celui du cannibalisme. « Tu ne feras pas cuire le chevreau dans le lait de sa mère ! » intime la Torah. Les médecins d'autrefois prescrivaient l'abstinence sexuelle durant l'allaitement.

À la puberté, ce qui va pousser, ce n'est pas le pénis espéré par la petite fille phallique, ce sont les seins. Ce qui peut générer des sentiments de fierté, mais aussi de honte, de haine et de persécution lorsque chez les garçons il se produit une excitation, souvent agressive, méprisante ou envieuse. « Cachez ce sein ! » phrase évocatrice des tartufferies de la vue du sein érotique.

Il arrive que leur apparition chez la jeune fille soit parasitée par la confusion avec le sein maternel et facteur de dépersonnalisation. Menace incestueuse d'imprégnation maternelle primaire et de confusion des corps. On sait qu'il se produit, chez certaines mères, des montées de lait lorsque leur fille accouche.

La fille est soumise non seulement à des fantasmes, mais à des vécus d'incorporation. La relation de fille à mère, de corps à corps, peut déchaîner violence et agressivité. Freud parle d'hostilité et de reproches, pour Lacan c'est le « ravage ».

Il s'agit d'un mouvement d'affrontement nécessaire pour se « décorporer » de la mère. Joyce McDougall évoquait « un corps pour deux ». Il peut y avoir également des seins pour deux. Ainsi, une patiente se voit imposer, lors de la poussée de ses seins, le soutien-gorge de sa mère.

Les seins des femmes peuvent aussi révéler une haine de la sexualité de la femme. Dans certaines contrées d'Afrique, les femmes pubères sont contraintes à avoir les seins bandés pour ne pas attirer le regard concupiscent des hommes. Équivalent déplacé d'une excision clitoridienne.

Superwoman

Elle a gagné la bataille féministe des années 1960, travaille, gagne sa vie, est indépendante, mais elle veut aussi profiter de son statut de femme et de mère.

N'oublions pas que Superwoman est avant tout un superhéros, le pendant de Superman, un personnage doté de pouvoir surnaturel. Une femme donc exceptionnelle sous les oripeaux de la vie quotidienne. Celle qui concilie travail et vie familiale. Le fantasme de toute-puissance n'est pas loin : mère, *career woman*, et séductrice tout à la fois (car n'oublions pas que contrairement aux superhéros masculins, la plupart du temps asexués, Superwoman est aussi un sex-symbol).

Illusion de toute-puissance ou désir légitime ?

Vouloir tout faire sans rien abandonner est épuisant et renvoie aux limites de ce qui peut être entrepris. Attention alors à cette figure qui se retourne en surmoi persécuteur quand l'idéal n'est pas atteint : je suis nulle, car je ne sais pas tout faire. D'où le « ras-le-bol des superwomen[1] » qui peuvent, finalement, avouer que ce n'est pas si facile.

« Tout avoir » : la revendication est-elle un piège ?

Les femmes continuent à s'occuper de 80 % des tâches ménagères, qu'elles travaillent ou pas. Les rôles sociaux changent et pourtant… Aujourd'hui, les revendications féministes d'hier sont devenues les préoccupations de la société entière. La bataille contre les stéréotypes sexuels, les congés* parentaux, la parité, autant de questions qui sont au cœur des débats de la cité.

C'est bien souvent la maternité qui vient questionner cet idéal : moment de régression assumée vers la relation mère-enfant où l'inscription dans le travail est mise de côté momentanément. Tout avoir mais peut-être pas tout le temps et en même temps…

Telle mère, telle fille

Pourquoi ai-je l'impression qu'une ombre me suit ? L'ombre, c'est toi, c'est moi ?

Immense, cheveux blonds et moue dédaigneuse (je n'aime pas les airs que tu prends, ces temps-ci), silhouette à la Kate Moss un peu dégingandée, tes jambes que tu allonges si loin qu'il devient difficile de les éviter quand je sers un Martini dry aux invités qui apprécient les vins cuits et autres cochonneries, comment peux-tu t'afficher ainsi, maquillée outrageusement, ah, si tu te voyais, si tu te voyais, ma pauvre fille, me disait ma mère que j'admirais tant et qui brillait en société. Elle portait des cols en lapin été comme hiver. C'était, disait-elle, en levant sa coupe de champagne, sa fourrure permanente qui la protégeait des langues de putes en tous genres. C'est drôle, tu me fais parfois penser à elle… mais repose ce verre, ne bois pas autant. À 16 ans, t'enfiler deux verres de vin à 6 heures du soir, ce n'est pas raisonnable. Si ? Tu as l'âge ? Pourquoi ai-je l'impression que tu n'écoutes pas ce que je te dis ? Je n'écoutais rien à ton âge, moi non plus, mais regarde où ça

1. M. Fitoussi, *Le Ras-le-bol des superwomen*, Calmann-Levy, 1997.

m'a menée. Les chats ne font pas des chiens ? C'est drôle que tu emploies cette expression ; c'est ma préférée. Alors, on est des chats. Ça tombe bien, je préfère les chats aux chiens. Toi aussi ? Je le sais. Si tu veux, pour Noël, je t'offrirai un chaton. Mais, attention, ce n'est pas moi qui changerai la litière ! Toi non plus ? Bon, je crois qu'on n'est pas faites pour avoir des animaux. On est faites pour quoi alors ? Viens près de moi, ne fais pas ta sauvage. Pourquoi ce mouvement de recul ?

– Christine !
– Oui maman, j'arrive.

Excuse-moi, ma chérie, maman m'appelle, c'est l'heure de ses cachets. Tiens, bois ce verre que je m'étais servi. Et surtout, attends-moi, ne bouge pas, reste exactement ce que tu es. Je te rêve grande et blonde, mais, si ça se trouve, tu aurais été petite et brune, comme moi, comme ma mère. Les chiens ne font pas des chats. Je t'ai évité ça, ma chérie. Oui, tu peux me remercier. Ne bois pas trop, tout de même, j'ai encore des tas de choses à te raconter.

TÉTINE

La tétine est un objet non comestible destiné aux enfants pour être sucé. Initialement fabriquée en caoutchouc et plus récemment en silicone, sa forme rappelle celle du téton du sein maternel. Elle est formée d'une téterelle, souple qui entre dans la bouche – fixée sur une collerette qui reste à l'extérieur de la bouche, contre les lèvres. La fin du XVIIIe siècle marquera le début de la réflexion sur les systèmes d'allaitement* « non maternels ».

Il existe actuellement deux types de tétine : la tétine de biberon, disposant d'une fente ou d'un trou central permettant l'acheminement d'aliments liquides et la tétine simple, fréquemment appelée « sucette », qui est uniquement destinée à être tétée.

La succion-déglutition est la première fonction motrice à se mettre en place chez le fœtus. Outre la déglutition de liquide amniotique, on observe, dès le 5e-6e mois de vie *in utero*, des épisodes de succion du pouce par le fœtus.

La zone bucco-labiale sera ensuite totalement investie dès les premiers jours et mois de vie extra-utérine. La succion permettra notamment le vécu d'expériences de plaisir.

Le développement des tétines simples avait initialement pour objectif de satisfaire le besoin de succion de l'enfant. En effet, la succion du pouce ayant été incriminée dans des déformations du palais et des perturbations de l'implantation dentaire, l'utilisation d'un tel objet pour remplir cette fonction a pu sembler préférable. Par ailleurs, cet objet transitionnel pourrait favoriser la prise d'assurance du jeune enfant et ainsi simplifier le détachement progressif du lien avec sa mère. Cependant, nombreux sont ceux qui critiquent l'usage de la tétine qui serait vue de manière plus péjorative que le classique « doudou* ». En effet, outre la dépendance à cet objet, il perturberait la prononciation, poserait des problèmes d'hygiène lorsqu'il tombe, et serait également à l'origine de troubles de la dentition. Enfin, beaucoup de parents disent que son sevrage est extrêmement compliqué.

Transmission

« Ah vous dirai-je maman, ce qui cause mon tourment ! » dit la fille. « Miroir, mon beau miroir ! » dit la mère. On connaît la réponse.

La relation mère-fille, écrit Lacan, est un « ravage ». Selon Freud, la mère qui n'a pas donné de pénis à la fille s'attire les plus haineux reproches.

Que peut donc transmettre une mère à sa fille ? Et une fille à sa mère ? Une transmission peut se faire dans un sens comme dans l'autre.

Mais que s'agit-il de transmettre ? Féminité ou féminin ?

La féminité, c'est le corps, l'apparence, le leurre, la mascarade, les charmants accessoires de la séduction qui font bon ménage avec le phallique. Quelle douceur lorsque cette féminité peut se transmettre, de mère à fille et de fille à mère ! Dans la reconnaissance d'une différence des générations, qui s'identifie et se différencie, et non dans un mimétisme, un effet de miroir ou de sororité, qui contreinvestit toute rivalité. Celle des mères qui se veulent petites filles, celle des Lolitas qui se veulent petites femmes ! Une petite fille qui entre ses petits pieds dans les chaussures à talons de sa mère peut savoir que c'est un jeu et retourner vite courir dans ses baskets. Une mère qui jalouse sa fille adolescente achète les mêmes minijupes. Une autre fait tout pour que sa fille soit laide. Une fille qui se sent plus jolie que sa mère s'habille comme un sac de patates.

Le féminin, c'est la chair, l'intérieur, invisible et inquiétant, porteur de tous les fantasmes dangereux et des « angoisses de féminin ». La petite fille ne peut devenir femme que *contre* le féminin maternel de sa mère. Un certain antagonisme paraît nécessaire. C'est le fantasme de la maman et la putain*. Le risque autrement est celui d'une menace incestueuse. Se séparer de la mère, la perdre, c'est la penser en tant que femme, c'est entrer dans l'œdipe. La fille désormais se tourne vers le père*. Les jeux de mains avec la mère sont devenus des jeux de « vilaines ».

Si la mère n'a pas donné de pénis à la fille, ce n'est pas elle non plus qui lui donne un vagin. C'est en créant, révélant son sexe que l'amant pourra arracher la femme à sa relation autoérotique et à sa mère primitive. Depuis la nuit des temps, les hommes doivent venir arracher les filles à la nuit des femmes, aux « reines de la nuit ».

« Tu enfanteras dans la douleur ! »

C'est ce que promet Dieu à Ève et à toutes ses descendantes, dans la Bible. Mais le mot hébreu traduit ici par « douleur » signifie aussi « travail », évocation évidente du « travail » de l'accouchement*.

Ève et Lilith sont les premières transgressives. Ève, séduite par le serpent, tente Adam à manger du fruit de l'arbre de la connaissance du bien et du mal, ce que Dieu avait interdit. Cette transgression fonde le péché originel. Lilith dit non à l'homme : « je ne me coucherai pas sous toi, mais sur toi, nous sommes égaux, nous avons été créés de la même terre ». Elle dit non aussi à Dieu lui ordonnant de se plier au désir de l'homme. Elles seraient donc punies pour ces transgressions.

Mais pourquoi est-ce dans le maternel que la punition s'inflige ?

Ève enfantera dans la douleur, Lilith, condamnée par Dieu à voir tous ses enfants mourir à la naissance, devient démone, avec le pouvoir de tuer les enfants des hommes (jusqu'au 8e jour de la circoncision des garçons, jusqu'au 20e jour pour les filles).

« Les grandes divinités maternelles des peuples orientaux, écrit Freud, paraissent avoir été toutes aussi bien des génitrices que des destructrices, aussi bien des déesses de la vie et de la fécondation que des déesses de la mort[1]. »

« J'ai toujours trouvé étrange la similitude entre les cris d'une femme qui accouche et la musique du plaisir », m'écrit un obstétricien.

Le masochisme, « expression de l'être de la femme » pour Freud, est-il de nature érotique ou maternelle ? Les psychanalystes femmes se dissocient en faveur soit d'un masochisme érotique féminin dans la rencontre avec l'autre sexe, soit d'un masochisme d'essence maternelle.

Freud nomme masochisme « féminin » celui des hommes qui utilisent, pour obtenir un plaisir orgastique, certains fantasmes de souffrances féminines : subir le coït, accoucher. Les augmentations de tension d'excitation, de douleur et déplaisir, peuvent alors être ressenties comme plaisir, plus encore comme jouissance.

La « coexcitation libidinale », liaison selon Freud de la pulsion de mort par la pulsion de vie, permettrait à la fille une réappropriation de son corps que les successives transformations menacent du danger de confusion avec le corps maternel. Cette relation de la même à la même constitue l'essence du narcissisme féminin.

VENTRE

Le terme de ventre désigne un vaste champ. Contenant à la fois appareil digestif et organes de reproduction féminins, il

1. S. Freud, « Le motif du choix des coffrets », in *L'Inquiétante Étrangeté, et autres essais*, Gallimard, 1985.

symbolise la satiété et la fécondité, mais aussi le courage et l'attitude face à l'agressivité.

Une tendance orale mène le bébé à avaler, il se « remplit le ventre ». Sinon, il a « le ventre vide ». Et comment le consoler ? « Ventre affamé n'a pas d'oreilles. » La pulsion anale permet la défécation évitant d'avoir « mal au ventre ». Mais c'est aussi l'enfant qui « sort du ventre de sa mère ».

Caroline, 2 ans, demande un couteau.

– Pourquoi faire ?

À sa mère, elle montre son nombril et le compare à l'extrémité du pénis de son frère. Elle veut aussi sortir le sien du ventre ! Il se cache là.

– Qu'est-ce qui te fait dire ça ?
– Tu vois bien que je n'en ai pas.

Mais le pénis qui lui manque ne poussera pas. Comme maman, c'est à l'intérieur de son ventre que dort un nid utérin qui pourra un jour se remplir de bébés. On comprend qu'il lui faille vite jouer avec un coussin réalisant un gros ventre la consolant de sa castration.

Éliane, 42 ans, se trouve enfin enceinte*. Ce miracle l'illumine, elle fait des projets magnifiques avec son mari. Elle est enfin choyée, considérée. Son ventre est recouvert, selon la mode, par une écharpe brillante. Toutefois, cette revanche est brutalement interrompue par une césarienne* urgente au 8e mois en raison d'une grave poussée d'hypertension. Une dépression* du post-partum s'installe. Le bébé qui devait combler Éliane est négligé. Celui qui la remplissait à l'intérieur a disparu. Malgré la naissance, c'est une amputation qu'elle imagine avoir vécue.

Ainsi le ventre vient-il aussi symboliser pouvoir et phallus. Ne dit-on pas « il a du cœur au ventre ? » ou au contraire, pour qualifier celui qui s'humilie : « Il est à plat ventre devant lui » et si quelqu'un est terrassé : « ils lui sont passés sur le ventre ». Parfois, l'utilisation du terme est erronée. Ainsi, quand un enfant veut vomir, il dit souvent « j'ai mal au ventre », ce qui est exact. Mais sa mère lui explique qu'« il a mal au cœur », ce qui est faux, mais usuel ! Sur le ventre se projette le psychisme. Aussi pour connaître quelqu'un faut-il « aller voir ce qu'il a dans le ventre ».

Mis en pages et imprimé en France
par JOUVE
1, rue du Docteur Sauvé, 53100 Mayenne
mars 2014 - N°2149972Z

JOUVE est titulaire du label imprim'vert®